Anton Hahne (Hg.)

Beratung und Arbeitnehmerinteressen
Beiträge anlässlich einer Fachtagung am 20.11.2009
an der Hochschule Wismar

Anton Hahne (Hg.)

Beratung und Arbeitnehmerinteressen
Beiträge anlässlich einer Fachtagung am 20.11.2009 an der Hochschule Wismar

Wismarer Schriften zu Management und Recht, Band 57

www.wismarer-schriften.de

Hahne, Anton (Hg.)

Mitarbeit: Monique Siemon

Beratung und Arbeitnehmerinteressen
Beiträge anlässlich einer Fachtagung am 20.11.2009 an der Hochschule Wismar

Wismarer Schriften zu Management und Recht
Band 57

Herausgegeben von:
Prof. Dr. Jost W. Kramer
Prof. Dr. Karl Wolfhart Nitsch
Prof. Dr. Gunnar Prause
Prof. Dr. Andreas von Schubert
Prof. Dr. Andreas Weigand
Prof. Dr. Joachim Winkler

1. Auflage 2011 | ISBN: 978-3-86741-694-8

© Europäischer Hochschulverlag GmbH & Co. KG, Bremen, 2011.
Alle Rechte vorbehalten.

EHV

Inhaltsverzeichnis

Vorwort *Anton Hahne* 9

Beratung und Arbeitnehmerinteressen – Einleitende Überlegungen *Anton Hahne*..13

   1. Beratung als kommunikative „Normalform" in der Moderne.................13

   2. Grenzstellen und Interessengegensätze 16

   3. Beratung als doppelter Auftrag 18

   4. Anlass zur Reflexion, gerade auch für Arbeitnehmervertreter.................21

   5. Wo sind weitere Probleme zu sehen?......................................24

   6. Ein programmatisches Fazit...26

   Literatur..27

Reflexive Beratung für Arbeitnehmervertreter – Konzeptionen und Erfahrungen *Erhard Tietel und Roland Kunkel* 29

   1. Einleitung..29

   2. Der Wandel der Arbeitsbeziehungen 32

      2.1. Zum Begriff des ‚Reflexiven' in der reflexiven Beratung...............40

      2.2. Ansätze reflexiver Beratung im arbeitspolitischen Feld................43

      2.3. Supervision..46

      2.4. Coaching...48

      2.5. Organisationsberatung 49

      2.6. Mediation..50

      2.7. Karriereberatung..52

      2.8. Teambildung mit Betriebsratsgremien 53

   3. Ausblick 57

   Literatur..58

Arbeitsrechtliche Beratung bei Mobbing *Thomas Weiss*...........................62

   1. Mobbing: Einführung in die Problematik.....................................62

      1.1. Mobbing im allgemeinen Sprachgebrauch............................62

      1.2. Mobbing im Arbeitsrecht..64

1.3. Der typische Verlauf des Mobbings 67
2. Hinweise zu den Grundlagen arbeitsrechtlicher Beratung und Interessenvertretung 69
   2.1. Die Klienten und die Anfragen 69
   2.2. Die Festlegung der Aufgabe des Rechtsanwalts 70
3. Die arbeitsrechtlichen Interventionsmöglichkeiten im Überblick 71
   3.1. Die rechtliche Ausgangslage 71
   3.2. Die außer- und vorgerichtlichen Möglichkeiten im Arbeitsrecht 72
   3.3. Die arbeitsgerichtlichen Mittel 74
   3.4. Wirksamkeit und Nutzen arbeitsrechtlicher Beratung und Intervention für die Mobbing-Opfer 76
4. Fazit 82
Literatur 84

Beratung zur Vereinbarkeit von Familie und Beruf *Frank Meissner* 85
1. Einleitung 85
2. Projektstruktur 88
2. Politischer Hintergrund 99
3. Kultureller Wandel 100
3. Fazit: Was heißt das für die Beratungstätigkeit? 103
Literatur 104

Der Arbeitslose im Spannungsfeld vielfältiger Interessen *Birgit Wiese* 105
1. Einleitung 105
2. Eigeninteresse: Arbeit und gesellschaftliche Integration 107
   2.1. Arbeit als Integrationshilfe in die Beziehungsgeflechte „Betrieb" und „soziales Umfeld" 107
   2.2. Arbeitslosigkeit als erlebte Lebenskrise 108
   2.3. Gesellschaftspolitische Wirkung von Arbeitslosigkeit 109
3. Fremdinteressen: Die Bundesagentur als Vertreterin vielfältiger gesellschaftlicher Interessen 111

3.1. Gesetzesauftrag zur Beratung von Arbeitslosen 111

3.2. Die Bundesagentur als Vertreterin vielfältiger Interessen 112

3.3. Ziel- und Interessenkonflikte 1: Begrenzung der Ressourcen 113

3.4. Ziel- und Interessenkonflikte 2: Das doppelte Mandat in der Beratung. 118

4. Fazit und Ausblick...122

Literatur 124

Mitarbeiter in Zeiten der Krise - Kann in Prozessen externer Beratung die Artikulation und Förderung von Mitarbeiterinteressen gestärkt werden? Eine Podiumsdiskussion anlässlich der Fachtagung „Beratung und Arbeitnehmerinteressen" am 20.11.2009 an der Hochschule Wismar *Sabine Mönch-Kalina (Gesprächsmoderation)* 125

Autoren 148

Vorwort
Anton Hahne

Beratung im betrieblichen Kontext zielt auf die Verbesserung der Leistungsfähigkeit des Unternehmens. Externe Beratung dient etwa dem Know-How-Transfer zur Optimierung von Betriebsabläufen, zur Rationalisierung in Arbeitsorganisationen, zur Anpassung an den Markt. Die Interessen der Mitarbeiter stehen dabei nicht an erster Stelle. Auch wenn Beratung z. B. in der Personalentwicklung den einzelnen Mitarbeiter fokussiert, und wenn bspw. in der professionellen Organisationsentwicklung der Einzelne nicht einfach „Opfer" von Change-Prozessen wird, so stellt sich doch die Frage, ob persönliche Interessen überhaupt adäquat wahrgenommen und berücksichtigt werden. Aus einer politischen Perspektive kann man ferner nach der grundsätzlichen Durchsetzungsmacht auf Arbeitnehmerseite fragen, wenn Beratungsvorgänge dem Einfluss betrieblicher Mitbestimmung weitgehend entzogen sind.

Auch aus wissenschaftlicher Perspektive ist es von Interesse, ausgewählte konkrete Beratungssettings und –themen daraufhin zu betrachten, ob sie – oft von Arbeitgeberseite initiiert, manchmal von Institutionen der öffentlichen Hand finanziert – wirklich im Interesse der betroffenen Mitarbeiter stattfinden: Wie wirkt sich die Ausgliederung der Personalbetreuung aus? Wer profitiert von der zunehmenden Mobbing-Sensibilität? Ist Work-Life-Balance inzwischen im Betrieb angekommen? Werden die Anliegen von Arbeitssuchenden umfassend berücksichtigt?

Diese Fragen wurden auf der Fachtagung „Beratung und Arbeitnehmerinteressen" am 20.11.2009 an der Hochschule Wismar erörtert. Ausgewählte Beiträge dieser Tagung finden sich neben ergänzenden Überlegungen neueren Datums im vorliegenden Sammelband. Zur Orientierung seien die Beiträge kurz skizziert:

Im einleitenden Beitrag des Herausgebers wird verdeutlicht, inwiefern Beratung in der Moderne zur „kommunikativen Normalform" geworden ist. In Organisationen sind es Grenzstellen, an denen Beratungsanlässe auftreten, etwa die Organisationsgrenze zur Umwelt, aber auch interne Abteilungsgrenzen und Übergänge zwischen den Hierarchiestufen. Diese können gleichzeitig von Interessengegensätzen gekennzeichnet sein, was in der Beratungssituation berücksichtigt werden sollte. Dies verkompliziert jedoch konkrete Aufträge, denn unter dem Verdikt der Förderung innerbetrieblicher Demokratie muss der Berater nicht nur dem Auftraggeber mit seinen Effizienzwünschen gerecht werden. Der Beitrag zeigt aber auch auf, dass nicht automatisch gegensätzliche Interessen bestehen, denn ein neuer Typus von Betriebs- und Personalräten sieht sich als Co-Manager.

Der Beitrag von Erhard Tietel und Roland Kunkel führt diese Überlegungen weiter, indem „Reflexive Beratung" für Arbeitnehmervertreter thematisiert wird. Beide Autoren haben langjährige Erfahrungen mit der Beratung von Arbeitnehmervertretern und ihren Gremien. Sie konstatieren einen tiefgreifenden Rollenwandel bei Betriebsräten gerade in organisationalen Change Prozessen. Die neue Rollenidentität zu finden, fällt jedoch schwer, nicht zuletzt, weil heterogene Interessen in der Belegschaft klare Positionierungen erschweren. Hier hilft nun das reflexive Element neuer Beratungsformen, denn durch neue Kontextualisierung können alte Begrenzungen überwunden werden. In diesem Sinn porträtieren die Autoren einige Beratungsformen, die in der Praxis eine große Rolle spielen.

Thomas Weiss beleuchtet die arbeitsrechtliche Beratung bei Mobbing. Er geht dabei auf neue Forschungen und eigene Erfahrungen aus seiner anwaltlichen Praxis ein, kann Betroffenen Hinweise geben und zeigt vor allem das rechtliche Instrumentarium auf, das zur Intervention herangezogen werden kann. Betriebs- und Personalräten kommt eine besondere Rolle zu, hier kompetent einzugreifen und Betroffene beratend zu unterstützen.

Frank Meissner berichtet von seiner Beratungstätigkeit im DGB-Projekt zu Vereinbarkeit von Familie und Beruf. Er kann dabei aufzeigen, dass Work-Life-Balance nicht allein im Interesse von Arbeitnehmerinnen und Arbeitnehmern liegt. Zahlreiche Unternehmen sind Vorreiter der Vereinbarkeit, doch ist dies auch von der Branche und der Aufgeschlossenheit gegenüber Genderthemen abhängig. Meissner zeigt, dass die klassische Fokussierung auf Erwerbstätigkeit noch zum festen Muster vieler männlicher Arbeitnehmer gehört. Politische und kulturelle Umbrüche führen aber zu Neuorientierungen, die von ihm diskutiert werden.

Birgit Wiese beschäftigt sich mit Beratungsanlässen, die nicht innerhalb der Organisation, sondern die vor dem potentiellen Eintritt in die Organisation stattfinden. Es geht um Arbeitslose und ihr doppeltes Interesse, einerseits eine Arbeit zu finden, andererseits gesellschaftlich (re-) integriert zu werden. Dem steht das Fremdinteresse der Bundesagentur für Arbeit gegenüber, den Gesetzesauftrag nach SGB III umzusetzen, gleichzeitig die Verwaltung begrenzter Ressourcen und die ordnungspolitische Dimension der Sanktionierung zu bewerkstelligen. Wiese zeigt als Ausweg aus dem Dilemma des doppelten Mandats der Berater auf, dass zukünftig verstärkt Aushandlungsprozesse stattfinden sollten.

Sabine Mönch-Kalina moderierte eine Podiumsdiskussion anlässlich der Fachtagung an der Hochschule Wismar mit dem Thema und der Fragestellung „Mitarbeiter in Zeiten der Krise - Kann in Prozessen externer Beratung die Artikulation und Förderung von Mitarbeiterinteressen gestärkt werden?" Wie hier im abschließenden Beitrag dokumentiert, fanden die Experten auf dem Podium unterschiedliche Antworten auf diese komplexe Frage. So spielt etwa das Gewinnen von

Vertrauen für die Beratung eine grundsätzliche Rolle. Externer Sachverstand kann von verschiedener Seite kommen, was sich bei der Mobbingberatung gut zeigen lässt. Mitarbeiterunterstützungsprogramme (Employee Assistance Programs) sind dabei eine neue Form, neutrale Dritte ins Spiel zu bringen. Speziell bei Beratungsinstitutionen für Arbeitssuchende wird auch klar, dass heutzutage weniger „an die Hand" genommen wird. Frühere sozialpädagogische behütende Beratungsformen werden abgelöst vom Gedanken des Empowerments. Innerhalb von Organisationen wird dies gestützt durch eine passende Unternehmenskultur oder auch durch neue Formen der Verrechtlichung konfliktärer Bereiche. Einig waren sich die Podiumsgäste darin, dass neben der Interventionsfunktion von Krisenberatung sehr viel stärker präventiv beraten werden sollte. Das demokratische Grundverständnis ist dabei einer der Werte, die immer wieder einzufordern sind.

Die Besonderheit der Beiträge dieses Sammelbandes liegt darin, dass mehr der Beratungsanlass und weniger die Beratungsmethodik im Vordergrund steht. Dies ist der Tatsache geschuldet, dass es unabhängig von der Methodik Fragen gibt, die immer wieder auftreten, wenn in einer Beratungssituation sowohl Arbeitnehmer- als auch Arbeitgeberinteressen involviert sind. In diesem Sinn werden in den Beiträgen exemplarische Beispiele aus der Praxis betrachtet, um näher zu beleuchten, inwieweit die Interessen einzelner Arbeitnehmer und die Interessen von Arbeitnehmern insgesamt Berücksichtigung in entsprechenden Beratungssituationen finden. Dem Sammelband ist zu wünschen, dass er Impulse gibt, bisher wissenschaftlich wenig beachtete Phänomene genauer in den Blick zu nehmen.

Wismar, im März 2011

Anton Hahne

Beratung und Arbeitnehmerinteressen – Einleitende Überlegungen
Anton Hahne

1. Beratung als kommunikative „Normalform" in der Moderne

Beratung ist in der Moderne deshalb permanent erforderlich, da wir nicht mehr in feste Bezugssysteme eingebettet sind: *Antony Giddens* spricht von „Disembedding", *Ulrich Beck* von der „dreifachen Individualisierung": Herauslösung aus Sozialformen, Verlust traditioneller Sichtweisen und Neueinbindung.[1] Die Orientierungslosigkeit in der Postmoderne, eine neue Unübersichtlichkeit, gelegentlich auch eine neue Beliebigkeit, betrifft Menschen im Privaten, vor allem aber auch in ihrer beruflichen Sphäre.[2] Äußere Strukturen geben weniger Hilfestellung als bisher, die Anforderung nach innerer Orientierung wächst. Innere Orientierung bedarf wiederum Beratung und den ständigen intersubjektiven Abgleich.

Beratung ist daher nicht nur im Privatbereich für eine breite Palette von psychosozialen Dienstleistungen bis hin zur Therapie inzwischen eingebürgert. Auch das Arbeitsleben ist ohne Beratung nicht mehr vorstellbar, denn niemand überblickt mehr alle Optionen, seien es Chancen oder Gefahren, von denen der Erfolg seines wirtschaftlichen Handelns abhängt. Dies hat Auswirkung auf die wissenschaftliche Beschäftigung mit Organisationen. Dort vollzieht sich ein Wandel von der Deskription und Analyse der Praxis hin zur expliziten Praxisberatung. *Osterloh* und *Frost*[3] haben dies „den schweren Weg von der Organisationsforschung zum Organisationsdesign" genannt. Drei Bereiche sind es, die sie als besonders relevant herausstellen: (1) Koordinationspro-

---

[1] Vgl. Giddens, A. (1991): Modernity and Self-Identity, S. 18ff.; Beck, U. (2006): Risikogesellschft, S. 206.
[2] Vgl. zur Frage, ob diese Analyse gleichermaßen für die Lebenswelt – ein Begriff von Habermas – wie die Arbeitswelt gilt, Hahne, A. (1998): Kommunikation in der Organisation, S. 141ff.
[3] Vgl. Osterloh, M./Frost, J. (2000): Der schwere Weg von der Organisationstheorie zum Organisationsdesign.

bleme der Gestaltung interner und externer Organisationsgrenzen, (2) das Wissensmanagement in Change-Prozessen mit seinen enormen Orientierungsproblemen und (3) die Gestaltung anreizkompatibler Strukturen, kurz das Motivationsproblem.[4] Beratung meint also im Organisationskontext immer auch Gestaltung und ist nicht von Organisations- und Personalentwicklung zu trennen.

Im Folgenden soll dieser weite Bezugsrahmen fokussiert werden auf die Beratung von Organisationsmitgliedern. Beratung in unserem Sinn meint konkret „personenorientierte Beratung" im Kontext von Arbeitsorganisationen. Die Beratungssettings, also die Rahmenbedingungen, sind gekennzeichnet durch persönliche Kommunikation (i.d.R. face-to-face-Kontakt), durch Rollen- und Aufgabenklärungen, durch die Unterstützung von Einzelpersonen, von Teams oder auch von ganzen Abteilungen. Thematisch findet sich häufig ein Mix aus professionellen Identitätsfragen, Fragen der Bindung („embedding") und des Status, teilweise unter Einbeziehung des außerberuflichen Kontextes. Dies kann Aspekte originärer Fachberatungen bzw. der Begleitung von Change-Prozessen beinhalten, der Personenbezug steht jedoch im Vordergrund.

Die häufigsten Formen bilden dabei die Beratungsformen Coaching, Supervision, Mentoring und Training.[5] *Kühl*[6] ist allerdings zuzustimmen, wenn er die fehlende semantische Präzision dieser Begriffe beklagt. Mit Coaching etwa werden gelegentlich altbekannte Dienstleistungen bezeichnet: Arbeitsunterweisung, Seelsorge, Eheberatung, Nachhilfeunterricht, etc. – meist Angebote im psycho-sozialen oder

---

[4] Vgl. Osterloh, M./Frost, J. (2000): Der schwere Weg von der Organisationstheorie zum Organisationsdesign, S. 486f.
[5] Vgl. zu verschiedenen Formen des Trainings und der Beratung Hahne, A. (1998): Kommunikation in der Organisation, S. 405ff.
[6] Vgl. Kühl, S. (2008): Coaching und Supervision, S. 13.

pädagogischen Sektor.[7] Uns geht es um berufs- bzw. arbeitsbezogene Beratung, wobei sie innerhalb oder außerhalb einer Organisation stattfinden kann, immer aber auf Organisationen bzw. auf das Handeln in oder gegenüber Organisationen bezogen ist. Das Anliegen bzw. der Beratungsanlass muss nicht primär auf eine Person fokussiert sein. Wenn es etwa um Controllingmaßnahmen im Kontext des Change Managements geht, wenn Organisationsentwicklungsvorhaben projektiert werden, wenn das Wissensmanagement optimiert werden soll, handelt es sich überall um Beratung, die das Handeln von Organisationsmitgliedern unmittelbar tangiert.

---

[7] Buer, F. (2001) trifft zur Präzisierung die interessante Differenzierung von Format, Verfahren und Methoden, die hier jedoch nicht näher dargestellt werden soll.

2. Grenzstellen und Interessengegensätze

Betrachtet man das Aufgabenspektrum personenorientierter Beratung, so wird deutlich, dass es häufig Grenzstellen der Organisation sind, an denen Beratungsbedarf besteht. Dieses gilt in räumlicher wie in zeitlicher Hinsicht. Der Eintritt und der Austritt einzelner Organisationsmitglieder führen ebenso zum Verlassen der Handlungsroutine wie die Auseinandersetzung um Grenzziehungen innerhalb der Organisation. *Stefan Kühl* nennt Beispiele:[8] Neulinge müssen in bisher unbekannte organisatorische Rollen eingewöhnt werden, unerwünschte Organisationsmitglieder werden „ausgekühlt", Konflikte finden statt im „Spannungsfeld von Personen, Rollen, Programmen und Werten".[9]

Diese Grenzstellen markieren in räumlicher Sicht oft nicht nur Abteilungs- oder Projektgrenzen. Sie dienen nicht nur der horizontalen oder vertikalen Arbeitsteilung. In hierarchischen Organisationen markieren sie auch Herrschaftssphären, Machtgebiete, kurz Einfluss-Systeme unterschiedlicher Art.[10] Sie zeigen Interessengegensätze, die es genauer zu betrachten gilt.

Wer von Herrschaft und Interessen spricht, thematisiert politische Phänomene in der Organisation, wo auf der Mikroebene ebenso Demokratie erwartet werden darf, wie auf der makropolitischen Ebene der Gesellschaft. *Weber* und *Höge*[11] zeigen, dass diese Vorstellung in die Irre führt. Demokratie in Wirtschaftsunternehmen sei eine „Terra inkognita", denn die Partizipation von Mitarbeitern würde oft auf ihre Funktion als Motivationsinstrument und als Einbindungsmuster von Arbeitnehmern für Arbeitgeberinteressen reduziert. Nimmt man Mit-

---

8   Vgl. Kühl, S. (2008): Coaching und Supervision, S. 54ff.
9   Vgl. Kühl, S. (2008): Coaching und Supervision, S. 59ff.
10 Vgl. dazu im einzelnen Hahne, A. (2008): Hierarchie und Selbstabstimmung, in: Schneider, H. J./Klaus, H. (Hrsg.): Mensch und Arbeit, S. 362ff.
11 Vgl. Weber, W./Höge, T. (2009): Demokratie im Unternehmen: Terra Incognita der Organisationspsychologie?, in: Wirtschaftspsychologie, 11. Jg., Heft 4/2009.

arbeiter aber nur als Humanfaktor, also als Träger einer fremdbestimmten Arbeitsleistung wahr und ignoriert man damit ihren Anspruch auf eine sinnerfüllte Lebens- und Arbeitsgestaltung, so werden sie zu reinen Objekten der Unternehmensberatung, oft sogar zur Störgröße, deren potentielle Widerstände „gebrochen" werden müssen.

Grenzziehungen bergen Konfliktpotential, aber auch der Wegfall von Grenzen birgt Risiken. Es gilt als Zeichen der Modernität eines Unternehmens „grenzenlos" zu agieren, was im Äußeren Virtualität und globales Agieren meinen kann, im Unternehmen selbst mit Enthierarchisierung und Verantwortungsdezentralisierung einhergeht. Wird an Mitarbeiter bei der Gestaltung – etwa der Entbürokratisierung und Entformalisierung in modernen Leankonzepten – nicht ausreichend gedacht, so „entgrenzt" sich die Arbeitswelt gelegentlich zu ihrem Nachteil: Entgrenzte Arbeitsbedingungen und ihre Auswirkungen auf das Subjekt können zum Beispiel durch Phänomene wie Workaholismus und erhöhte Suizidalität gekennzeichnet sein. Weniger dramatisch, doch häufig zu finden, sind wiederkehrende Sorgen- und Grübelgedanken („worry and rumination"), die als potentielle Nachteile einer weitreichenden Beteiligungskultur beschrieben werden.[12] Sie können durch ein – aus psychologischer Sicht – übersteigertes Engagement für das Unternehmen letztlich auch zu massivem Leistungsverlust und gesundheitlicher Beeinträchtigung führen, was – und damit kommen wir zur Ausgangsüberlegung zurück – großen Beratungsbedarf nach sich zieht.

---

[12] Vgl. Martins, E./ Pundt, A./Nerdinger, F. W. (2009): Wenn Mitarbeiter nur noch an ihre Arbeit denken: Die Schattenseiten der Beteiligungskultur?, in: Wirtschaftspsychologie, 11. Jg., Heft 4/2009, S. 119ff.

3. Beratung als doppelter Auftrag

Innere Demokratie zu leben kann also für das wirtschaftliche Überleben von Organisationen „im internationalen Kontext einer radikalisierten Konkurrenzwirtschaft"[13] immer bedeutender werden. Analog zum Bürger eines staatlichen Systems spricht man dann vom Organisationsmitglied als Citizen. Organizational Citizenship Behavior (OCB) meint die unternehmerische Initiative, Motivation und Kompetenz der Belegschaftsmitglieder, z.b. ihre Kreativität und Kompetenz bezüglich einer kontinuierlichen Verbesserung von Produkten und Prozessen, ihre Bereitschaft, Aufgaben zu übernehmen, zu denen sie nicht arbeitsvertraglich verpflichtet ist. OCB schafft stärkere Bindung an die Organisation und lässt „Psychological Ownership" entstehen.[14]

Speziell Arbeitnehmervertreter sitzen dann aber „zwischen vielen Stühlen".[15] Dies ist ihrer Doppelrolle geschuldet, einerseits die Interessen der Arbeitnehmer auf Autonomie, Gestaltungsmacht und Kontrolle über den eigenen Beitrag der Arbeitsleistung zu vertreten, andererseits – wie in § 2 BetrVG ausgedrückt – auch zum Wohle des Betriebs mit dem Arbeitgeber „vertrauensvoll" zusammenzuarbeiten. Gelegentlich sind Betriebsräte wahren „Zerreißproben" ausgesetzt, „hin- und hergerissen zwischen den Erwartungen der Arbeitnehmer, der Gewerkschaften und des Managements".[16]

---

[13] Vgl. Weber, W./Höge, T. (2009): Demokratie im Unternehmen: Terra Incognita der Organisationspsychologie?, in: Wirtschaftspsychologie, 11. Jg., Heft 4/2009, S. 7.

[14] Vgl. Weber, W./Höge, T. (2009): Demokratie im Unternehmen: Terra Incognita der Organisationspsychologie?, in: Wirtschaftspsychologie, 11. Jg., Heft 4/2009, S. 7.

[15] Vgl. Stracke, S./Nerdinger, F. W. (2009): „Zwischen vielen Stühlen" – Interessen- und Rollenkonflikte von Betriebsräten im Spannungsfeld betrieblicher Innovation, in: Wirtschaftspsychologie, 11. Jg., Nr. 4/2009, S. 88ff.

[16] Tietel zitiert in Scheytt, S. (2009): Wunsch und Wirklichkeit: Beratung, in: Magazin Mitbestimmung 04/2009, abgerufen unter: http://www.boeckler.de/107_94881.html, 1.1.2010.

Berater, die den Prozess der inneren Demokratisierung ernst nehmen und die versuchen, dies in die Beratungspraxis umzusetzen, übernehmen quasi einen „doppelten Auftrag": Sie intervenieren in konkreten Beratungssituationen im Dienst des Auftraggebers, meist im Auftrag der Unternehmensleitung, also der Arbeitgeberseite. Gleichzeitig versuchen sie, Entfremdungsprozesse zu verhindern, indem sie den Anspruch auf Partizipation und Empowerment der Beteiligten zu stärken suchen.[17] Dies kann nicht spannungsfrei erfolgen und mündet leicht in ein Minenfeld unterschiedlicher Interessen.[18]

Obwohl dies so offensichtlich ist, übersieht die Beratungsliteratur und -praxis bisher gerne die Rolle arbeits - und betriebspolitischer Akteure, vor allem die der Betriebs - und Personalräte,[19] ohne deren Einbindung aber regelmäßig falsche Weichenstellungen vollzogen werden. Jedenfalls besteht „im Hinblick auf das Themenfeld ‚Partizipation, Empowerment und Demokratisierung' ein [großer] Bedarf an Reflexion, Werteklärung und Professionalisierung".[20]

Für den Berater, der klientenorientiert arbeitet, ist es eine Selbstverständlichkeit, dass der individuelle Mitarbeiter im Fokus steht. Für die

---

[17] Kötter beschreibt dies als typisch in Bezug auf die Rolle des Organisationsentwicklers. OE-Verfahren wie ‚teilnehmende Beobachtung' und ‚Survey-Feedback' erfordern, dass der ‚change agent' dem Auftraggeber und den Betroffenen gleichermaßen verpflichtet ist, vgl. Kötter, W. (2009): Organisationsentwicklungsinterventionen als Beitrag zur Demokratisierung?, in: Wirtschaftspsychologie, 11. Jg., Heft 4/2009.

[18] Erschwerend kommt für Mitarbeiter im Dienstleistungssektor hinzu, dass Beratung in Bezug auf ihre „Emotionsarbeit" (vgl. Zapf, D. et al. (2000): Emotionsarbeit in Organisationen und psychische Gesundheit, in: Musahl, H.-P./Eisenhauer, T. (Hrsg.): Psychologie der Arbeitssicherheit - Beiträge zur Förderung von Sicherheit und Gesundheit in Arbeitssystemen) den Entfremdungsprozess weiter verstärkt.

[19] Vgl. Tietel, E. (2009): Der Betriebsrat als Partner des Beraters in Reorganisations-prozessen, in: Sozialpsychologisches Organisationsverstehen, hrsg. von Leithäuser, T./Meyerhuber, S./Schottmayer, M., S. 268ff.

[20] Kötter formuliert das für OE-Praktiker, vgl. Kötter, W. (2009): Organisationsentwicklungsinterventionen als Beitrag zur Demokratisierung?, in: Wirtschaftspsychologie, 11. Jg., Heft 4/2009, S. 51.

Beratungswissenschaft – so meine These – sollte diese Form der Parteilichkeit ebenso gelten: parteilich zu sein für das Individuum im Arbeitskontext und für seine Autonomie im gesellschaftlichen und organisationalen Wandel der globalisierten Welt oder – um es soziologisch auszudrücken – für sein Wohlbefinden im Wandel der späten Postmoderne.[21]

---

[21] Ähnlich drücken das Meyerhuber/Schottmayer/Leithäuser als Anliegen ihres sozialpsychologischen Organisationsverstehens aus, vgl. Meyerhuber, S./Schottmayer, M./Leithäuser, T. (2009): Sozialpsychologisches Organisationsverstehen - Einführung, in: Dies. (Hrsg.): Sozialpsychologisches Organisationsverstehen. Wiesbaden: VS-Verlag, S. 12.

4. Anlass zur Reflexion, gerade auch für Arbeitnehmervertreter

Kommt der Berater oder Consultant (i.d.R. einer großen Unternehmensberatungsfirma wie McKinsey oder Roland Berger) in den Betrieb, so läuten die Glocken der Arbeitnehmervertreter Sturm: „Hilfe, der Berater kommt!" Berater werden als Vorboten schlechter Nachrichten gedeutet, ähnlich den Wohnungsmaklern, die unvermutet die gemietete Wohnung besichtigen wollen. Berater sind in der Tat oft Propagierer und Umsetzer von Rationalisierungs- und Sanierungsprojekten, die mit Arbeitsplatzverlusten einhergehen. Das in der Vergangenheit gespannte Verhältnis zwischen Beraterzunft und Arbeitnehmerseite muss also genau unter die Lupe genommen werden, um zukünftig mehr zu kooperieren als sich zu blockieren.

Eine entsprechende Beschäftigung mit personenorientierter Beratung wurde an der Hochschule Wismar mit einer Tagung zum Thema „Beratung und Arbeitnehmerinteressen" begonnen, die im November 2009 stattfand. Diese Tagung ist im Zusammenhang mit mehreren thematisch ähnlichen Fachtagungen zu sehen, die in verschiedener Trägerschaft durch die Deutsche Gesellschaft für Supervision (DGSv), das Bildungswerks des DGB e.V., durch ver.di und durch die Deutsche Gesellschaft für Beratung in verschiedenen Städten durchgeführt wurden. Ein Ziel dieser Tagungen war es, die Professionalisierung organisationaler Beratung voranzutreiben und insbesondere ein Gegengewicht zum rein betriebswirtschaftlich fokussierten Beratungsverständnis zu schaffen.

So organisierten der DGSv und das DGB Bildungswerk im Oktober 2008 in Hannover eine Tagung zu „Reflexiven Beratungsformen in arbeitspolitischen Kontexten: betriebliche Interessenvertretungen und Gewerkschaften".[22] Oft geht es ja darum, dass Arbeitnehmervertreter

---

[22] Vgl. den Tagungsbericht von Scheytt, S.(2009): Wunsch und Wirklichkeit: Beratung, in: Magazin Mitbestimmung 04/2009.

selbst Beratung in Anspruch nehmen wollen und müssen, denn die steigenden Herausforderungen für Personal- und Betriebsräte sind „immens": Es wird erwartet, „dass sie Arbeitsrechtler, Betriebswirte und Tarifexperten sind, dazu Arbeitsmediziner, Umweltschützer, EDV- und Datenschutzexperten, Konfliktlöser, Projektmanager, Organisationsentwickler, Verhandlungsexperten."[23]

Was ist unter Reflexivität zu verstehen? *Pongratz* sieht darin eine „systematische Rückbezüglichkeit des Handelns" und formuliert entsprechend: „Handeln wird reflexiv durch bewussten Rückbezug auf frühere Handlungen (in der Regel aus eigener Erfahrung unter vergleichbaren Bedingungen). Kennzeichen von Reflexivität ist also das Nachdenken über aktuelle Handlungsanforderungen im systematischen Abgleich mit Voraussetzungen und Folgen vorangegangener Handlungen." Wenn dann Entscheidungen zu fällen sind, dann handelt es sich um „perspektivische, prozessorientierte Entscheidungen, die gleichzeitig in die Vergangenheit zurückreichen, auf aktuelle Handlungserfordernisse reagieren und künftige Unwägbarkeiten in Rechnung stellen".[24]

Reflexivität meint damit mehr als die klassische Beschäftigung mit betrieblichen Belangen, die Betriebsräte durch Gewerkschaftsseminare und externe Berater u.a. als strategische Beratung kennen. Mittels dieser Fachberatung werden sie auf den geforderten Stand im jeweiligen Sachgebiet (Recht, Management, Arbeitsschutz, IT etc.) gebracht und diese Beratung ist allseits akzeptiert. „Mit dem reflexiven Ansatz tun sie sich jedoch schwer", meint *Scheytt*, denn ihm hafte der Geruch an, es ginge um „PsychoSpielchen", man werde „auf die Couch gelegt und

---

[23] Vgl. Tietel, zitiert bei. Scheytt, S.(2009): Wunsch und Wirklichkeit: Beratung, in: Magazin Mitbestimmung 04/2009.
[24] Vgl. Pongratz, H. (2008): Reflexion erwünscht? Dilemmata der Beratung von betrieblichen Interessenvertretungen, in: Positionen. Beiträge zur Beratung in der Arbeitswelt, hrsg. von Haubl, R./Möller, H./Schiersmann, C., Heft 2/08, S. 2.

gewissermaßen ausgezogen" oder er beschränke sich auf ritualisierte oberflächliche Verfahren des Wohlfühlens und Schönredens.

Solche Vorurteile gegenüber „weichen" Fortbildungs- und Beratungsinhalten wie Teambildung, Supervision und Coaching erklären, warum die reflexive Beratung - obwohl seit Jahrzehnten bekannt und in der Personal- und Organisationsentwicklung nachgefragt - in Gewerkschafts- und Betriebsratskreisen um Akzeptanz kämpfen muss.[25] Benötigt werden aber auch dort psychosoziale und interaktive Kompetenzen wie Selbstreflexion, Ambiguitätstoleranz, Kommunikations-, Kooperations- und Teamfähigkeit in einem weit größeren Maß als früher. Dass es etwa Personal- und Betriebsräten oft an konstruktivem Konfliktverhalten fehlt, wird Außenstehenden auch deutlich, wenn sie zerstrittene, fraktionierte und damit handlungsunfähige BR-Gremien erleben.[26]

Die Frage, die sich für zukünftige Beratungen stellt, ist: „Wie lassen sich reflexive Beratungsformen und Methoden mit eher strategisch orientierten Vorgehensweisen verbinden?" Reflexion und Strategie sind gewissermaßen Gegensätze, die es trotzdem zu vereinbaren gilt, denn Reflexion braucht Freiheit und Intuition und auf der anderen Seite: Strategie braucht Fokussierung und Führungswillen.

---

[25] Der Schwerpunkt „Soziale Kompetenz" im Fortbildungsangebot des DGB-Bildungswerks e.V. existiert seit Jahrzehnten, ist aber immer wieder im Bestand gefährdet.
[26] Der Verfasser leitet regelmäßig Seminare zum Thema „Konflikte im BR-Gremium" und kennt derartige Problemlagen.

5. Wo sind weitere Probleme zu sehen?

Beratung zielt sowohl auf die Verbesserung und Veränderung von Lebens- und Arbeitsbedingungen, auf die fachliche und extrafunktionale Professionalisierung, als auch auf den besseren „Fit" von persönlichem Potential und betrieblicher Potentialausschöpfung, also auf die Anpassung des einzelnen Organisationsmitglieds an Anforderungen der Organisation. Meine These dazu lautet: Der Versuch der Effizienzsteigerung kann nicht reibungsfrei erfolgen und muss daher ständig ideologisch unterfüttert werden, etwa indem mit der Metapher, dass „alle in einem Boot sitzen", Einvernehmen suggeriert wird. Weitere Beispiele „ideologischer Unterfütterung" sind die ständige Propagierung des „Wir-Gefühls", der Appell an das organisationale Commitment, der Aufbau einer starken Corporate Identity, kurz die interne Bindung auf normativer und affektiver Ebene.[27] Diese gelingt jedoch nicht immer bzw. schafft potentiell Folgeprobleme; denn die Beteiligung zur Bewältigung besonderer Anstrengungen weckt Erwartungen auf eine egalitäre Verteilung von Gewinnen. Es gibt durchaus Beispiele, wo eine entsprechende Unternehmenskultur dies ermöglicht.[28]

Zukünftig ist zu erwarten, dass der Schulterschluss zwischen Arbeitgeber- und Arbeitnehmerinteressen häufiger gelingt, wenn sich ein neuer Typus von Arbeitnehmervertretern durchsetzt. Dieser „moderne" Typus fokussiert sich weniger auf den Kontrollaspekt laut BetrVG

---

[27] Stark ideologisch geprägte Berater erscheinen aus der Perspektive der Arbeitnehmer als Promotoren der „neoliberalen Heimsuchung", so eine Formulierung von Faust, der sich allerdings von einer derartigen Skandalisierung des Beratermarktes distanziert, vgl. Faust, M. (2006): Soziologie und Beratung - Analysen und Angebote – Sammelbesprechung, in: Soziologische Revue, 29. Jg.

[28] Vgl. zur Beteiligungskultur Martins, E. et al. (2008): Organizational culture of participation: Development and validation of a measure, in: Zeitschrift für Personalforschung, 22. Jg. (2); Nerdinger, F. W./Wilke, P. (Hrsg.) (2009): Beteiligungsorientierte Unternehmenskultur: Erfolgsfaktoren, Praxisbeispiele und Handlungskonzepte.

als vielmehr auf den Gestaltungsaspekt seiner Tätigkeit, ein Phänomen, für das sich der Begriff „Co-Management" eingebürgert hat.[29] Nehmen Betriebsräte aber Aufgaben wahr, die für sie im Betriebsverfassungsgesetz eigentlich nicht vorgesehen sind, werden sie also direkt in die Vorbereitung und Umsetzung von Managemententscheidungen einbezogen, so benötigen sie i.d.R. externe Expertise, um professionell agieren zu können. Ihr Beratungsbedarf steigt.

---

[29] Vgl. Rüdt, D. (2007): Co-Management als neue Anforderung an Betriebsräte? Eine Untersuchung der Praxis.

6. Ein programmatisches Fazit

Betriebsräte und Berater müssen sich auf die Suche nach „intelligenten" Lösungen begeben, nicht zuletzt, da sie mehr und mehr Partner in Reorganisationsprozessen sind. Besonders deutlich wird dies beim Co-Management von Beratern und/oder Arbeitnehmervertretern. Gelingen kann dies nur durch reflexive Beratung als Ergänzung bisheriger eng fokussierter strategischer Beratung.

Um die Anforderung an eine beratungswissenschaftliche Diskussion noch einmal zu umreißen: Leiten sollte uns eine dem Subjekt dienliche Perspektive und Haltung, die über das ökonomische Kalkül weit hinausgeht. Erforderlich ist dafür ein Anstoß zur Diskussion, inwieweit Arbeitnehmerinteressen bei der Beratung im Organisationsbereich wirklich Berücksichtigung finden. Es geht um die Ermutigung zur Veränderung, um die Analyse und Positionsbestimmung, teils als Ausgangspunkt von Forschungsvorhaben, teils um den Qualifizierungsbedarf auf Seiten der Berater und auf Seiten der Arbeitnehmer genauer festzustellen. Damit es zukünftig auch in der Belegschaft häufiger heißt: „Gott sei Dank, der Berater kommt endlich!"

Literatur

Beck, U. (2006): Risikogesellschaft - Auf dem Weg in eine andere Moderne, Frankfurt/M.

Buer, F. (2001): Methoden in der Supervision – psychodramatisch angereichert, in: Ders. (Hrsg.): Praxis der Psychodramatischen Supervision - Ein Handbuch. Opladen.

Faust, M. (2006): Soziologie und Beratung – Analysen und Angebote - Sammelbesprechung, in: Soziologische Revue, 29. Jg., S. 277-290.

Giddens, A. (1991): Modernity and Self-Identity - Self and Society in the Late Modern Age, Cambridge.

Hahne, A. (1998): Kommunikation in der Organisation - Grundlagen und Analyse – Ein kritischer Überblick, Opladen/Wiesbaden.

Hahne, A. (2008): Hierarchie und Selbstabstimmung, in: Schneider, H. J./Klaus, H. (Hrsg.): Mensch und Arbeit - Handbuch für Studium und Praxis, 11. Auflage, Düsseldorf, S. 355-392.

Kötter, W. (2009): Organisationsentwicklungsinterventionen als Beitrag zur Demokratisierung?, in: Wirtschaftspsychologie, 11. Jg., Heft 4/2009, S. 43-53.

Kühl, S. (2008): Coaching und Supervision - Zur personenorientierten Beratung in Organisationen, Wiesbaden.

Martins, E./Pundt, A./Horsmann, C. S./Nerdinger, F. W. (2008): Organizational culture of participation: Development and validation of a measure, in: Zeitschrift für Personalforschung, 22. Jg. (2), S. 195-215.

Martins, E./Pundt, A./Nerdinger, F. W. (2009): Wenn Mitarbeiter nur noch an ihre Arbeit denken: Die Schattenseiten der Beteiligungskultur?, in Wirtschaftspsychologie, 11. Jg., Heft 4/2009, S. 119-121 (Kurzfassung). Vollversion unter: www.psychologie-aktuell.com/wp-4-2009/ (download 1.1.2010).

Meyerhuber, S./Schottmayer, M./Leithäuser, T. (2009): Sozialpsychologisches Organisationsverstehen - Einführung, in: Dies. (Hrsg.): Sozialpsychologisches Organisationsverstehen, Wiesbaden, S. 9-23.

Nerdinger, F. W./Wilke, P. (Hrsg.) (2009): Beteiligungsorientierte Unternehmenskultur: Erfolgsfaktoren, Praxisbeispiele und Handlungskonzepte, Wiesbaden.

Osterloh, M./Frost, J. (2000): Der schwere Weg von der Organisationstheorie zum Organisationsdesign – Sammelrezensionen, in: DBW, 60. Jg., H. 4, S. 485-511.

Pongratz, H. (2008): Reflexion erwünscht? Dilemmata der Beratung von betrieblichen Interessenvertretungen, in: Positionen. Beiträge zur Beratung in der

Arbeitswelt, hrsg. von Haubl, R./Möller, H./Schiersmann, C., Heft 2/08, Kassel, S. 1-8.

Rüdt, D. (2007): Co-Management als neue Anforderung an Betriebsräte? Eine Untersuchung der Praxis, Reihe WIP Working Paper Nr. 35 – 2007, Eberhardt Karls Universität Tübingen.

Scheytt, S. (2009): Wunsch und Wirklichkeit: Beratung. In: Magazin Mitbestimmung 04/2009, abgerufen unter: http://www.boeckler.de/107_94881.html, 1.1.2010.

Stracke, S./**Nerdinger**, F. W. (2009): „Zwischen vielen Stühlen" – Interessen- und Rollenkonflikte von Betriebsräten im Spannungsfeld betrieblicher Innovation, in: Wirtschaftspsychologie, 11. Jg., Nr. 4/2009, S. 99-108.

Tietel, E. (2009): Der Betriebsrat als Partner des Beraters in Reorganisationsprozessen, in: Sozialpsychologisches Organisationsverstehen, hrsg. von Leithäuser, T./Meyerhuber, S./Schottmayer, M., Wiesbaden, S. 267-300.

Weber, W./**Höge**, T. (2009): Demokratie im Unternehmen: Terra Incognita der Organisationspsychologie?, in: Wirtschaftspsychologie, 11. Jg., Heft 4/2009, S. 3-8.

Zapf, D. et al. (2000): Emotionsarbeit in Organisationen und psychische Gesundheit, in: Musahl, H.-P./Eisenhauer, T. (Hrsg.): Psychologie der Arbeitssicherheit - Beiträge zur Förderung von Sicherheit und Gesundheit in Arbeitssystemen, Heidelberg, S. 99-106.

Reflexive Beratung für Arbeitnehmervertreter – Konzeptionen und Erfahrungen
Erhard Tietel und Roland Kunkel

1. Einleitung

Die Beratungspraxis für Arbeitnehmervertreter war lange Zeit im Wesentlichen geprägt von zwei Beratungsformen: der Fachberatung und der Prozessberatung. Fachberatung im Sinne von betriebswirtschaftlicher, juristischer, technologischer, arbeitswissenschaftlicher Beratung (mit dem Fokus auf Instruktion) und Prozessberatung im Sinne von Projektmanagement oder Moderation (mit dem Fokus auf Prozessbegleitung). In den letzten Jahren werden – nicht zuletzt aufgrund der Anforderung nach permanenter Reorganisation und Krisenbewältigung in vielen Unternehmen und Einrichtungen – zunehmend die Grenzen einer strikten Trennung von Fach- und Prozessberatung deutlich. Es mehren sich die Kontexte, in denen neue Anforderungen bestehen und damit auch entsprechende Beratungsformate gebraucht werden, und zwar – wie wir begründen wollen – reflexiv-strategische. Bei genauer Betrachtung fällt auf, dass eine gute Fachberatung oder Prozessberatung im arbeitspolitischen Feld immer schon reflexive und strategische Aspekte enthielt und ihre ‚angewandte Theorie' damit erfahrungsnäher und erfahrungsgesättigter war, als dies in den ‚bevorzugten Theorien'[30] und Konzeptionen ihrer Vertreter zum Ausdruck kam.[31]

Die im Zuge von Globalisierung und Individualisierung zunehmende Pluralität und Widersprüchlichkeit, das Ansteigen von Ambivalenzen und Paradoxien, die Durchmischung bzw. auch Neukonfiguration von gesellschaftlichen Sphären führen in allen gesellschaftlichen Bereichen

---

30 Vgl. Argyris, C. (1993): Defensive Routinen, in: Fatzer, G. (Hrsg.): Organisationsentwicklung für die Zukunft, S. 184f.
31 Vgl. Kost, K. (Hrsg) (2008): Beratung anders.

zu einer enorm gewachsenen Komplexität. Diese wachsende Komplexität ist *Pongratz* zufolge wesentlich zurückzuführen auf

- „die Ausdifferenzierung verschiedener Gesellschaftsbereiche und die dadurch bedingte erhöhte Arbeitsteilung, welche die wechselseitige Abhängigkeit steigert,
- die Pluralisierung von Normen und von Wertebezügen, die zu widersprüchlichen Handlungserwartungen und zu Verhaltensunsicherheiten führen (Normen bieten zwar weiterhin Orientierung, geben aber keine zweifelsfreie Handlungsanleitung mehr),
- die Interessenvielfalt unterschiedlicher Akteure, die auf mannigfache Weise miteinander vernetzt und aufeinander angewiesen sind,
- die permanenten Wandlungsanforderungen, die zur Entwertung von Gewohnheiten und bewährten Regeln beitragen und die ständige Bereitschaft zur Neuorientierung erfordern"[32].[33]

---

[32] Es kann hier nur darauf hingewiesen werden, dass auch jenseits des arbeitspolitischen Feldes Reflexion und Reflexivität – und damit reflexive Beratung – in den letzten Jahren vermehrt zum Thema geworden ist. Unsere These ist, dass dies eng mit dem Übergang von der klassischen zur reflexiven Moderne verknüpft ist, wie sie prominent von Ulrich Beck u.a. im Kontext des Forschungsverbundes zur „reflexiven Modernisierung" analysiert wurde. Die Forschungsgruppe geht davon aus, dass im Übergang zur „reflexiven Moderne" die „Institutionen fortgeschrittener westlicher Gesellschaften vor der Herausforderung (stehen), eine neue Handlungs- und Entscheidungslogik zu entwickeln, die nicht mehr dem Prinzip des ‚Entweder-Oder', sondern dem des ‚Sowohl-als-Auch' folgt" (vgl. Beck, U./Bonß, W./Lau, C. (2004): Entgrenzung erzwingt Entscheidung: Was ist neu an der Theorie reflexiver Modernisierung?, in: Beck, U./Lau, C. (Hrsg.): Entgrenzung und Entscheidung, Frankfurt/M., S. 16). In den verschiedenen gesellschaftlichen Bereichen wird den Autoren zufolge eines deutlich: „Die institutionalisierten Unterscheidungen, Standardisierungen, Normen und Rollensysteme der Ersten Moderne sind nicht mehr aufrechtzuerhalten; sie beschreiben immer weniger die Normalität" (vgl. Beck, U./Bonß, W./Lau, C. (2004): Entgrenzung erzwingt Ent-

Mit der Entgrenzung und Erosion traditioneller Normen-, Regel- und Rollensysteme werden immer mehr Aspekte menschlichen Lebens der interpersonellen Aushandlung, der unmittelbaren Kommunikation und Kooperation zwischen Personen und Gruppen aufgebürdet: Menschen sind aufgefordert, sich reflexiv auf ihre Geschichte und ihre Erfahrungen in den verschiedenen Situationen und Kontexten zu beziehen und hieraus sowohl Zukunftsentwürfe zu entwickeln als auch entsprechende lebensgeschichtliche Entscheidungen zu treffen. Reflexiv heißt hier unter anderem, sowohl in sich selbst als auch in der Begegnung mit anderen dem Sog der Spaltung und Vereinfachung zu widerstehen und Ambivalenzen, Widersprüche und Paradoxien auszuhalten und auszutragen. Nicht nur Personen und Gruppen, sondern auch Institutionen und Organisationen müssen lernen, reflexive Verfahren zu entwickeln, wie sie mit Unsicherheit, Ungewissheit und Ambivalenz umgehen können.

Im Folgenden zeichnen wir zunächst Veränderungen im System der betrieblichen und überbetrieblichen Arbeitsbeziehungen nach und geben Hinweise auf den damit einhergehenden Wandel der Rolle von Arbeitnehmervertretern. In einem zweiten Schritt gehen wir kurz auf den Begriff des „Reflexiven" in der reflexiven (bzw. wie wir sie auch nennen: reflexiv-strategischen) Beratung ein, bevor wir im dritten und letzten Abschnitt die zentralen reflexiven Beratungsverfahren im arbeitspolitischen Feld vorstellen.

---

scheidung: Was ist neu an der Theorie reflexiver Modernisierung?, in: Beck, U./Lau, C. (Hrsg.): Entgrenzung und Entscheidung, Frankfurt/M., S. 16). Insofern werden auch Beratungsformen, die nach dem ‚one best way' suchen, der Komplexität, Widersprüchlichkeit, Ambivalenz und Paradoxie gegenwärtiger institutioneller Kontexte nicht mehr gerecht.

[33] Vgl. Pongratz, H. (2010): Reflexive Beratung und gewerkschaftliche Interessenvertretung: Hindernisse und Chancen, in: Tietel, E./Kunkel, R. (Hrsg.): Reflexiv-strategische Beratung für Interessenvertreter.

2. Der Wandel der Arbeitsbeziehungen

Die wachsende Komplexität, Pluralität und Ambivalenz betrifft auch das System der betrieblichen und überbetrieblichen Arbeitsbeziehungen. Auch hier lässt sich eine Auflösung bisher klarer Grenzziehungen und Zuständigkeiten beobachten und damit das Auftauchen neuer institutioneller Formen und neuer Akteure.[34] Betriebsräte und Gewerkschaften sind in deutlich höherem Maße gefordert, sich proaktiv mit der Bewältigung von krisenhaften Situationen in ihren Unternehmen bzw. ihrem ‚Betreuungsbereich' zu beschäftigen. Hierbei gelingt es ihnen nicht selten, beteiligungsorientierte Krisenbewältigungsformen zu entwickeln und zu institutionalisieren. Beispiele sind die Kurzarbeiterregelungen mit Bundesregierung und Arbeitgeberverbänden im Jahr 2009, die Kampagne der IG Metall „Besser statt Billiger" mit der ‚Task force Krisenintervention'[35] sowie die Initiative „Städte in Not"[36] als gemeinsame Aktion von Ver.di und kommunalpolitischen Vereinigungen. All diese Anlässe erfordern komplexe Dialogstrukturen in den verschiedenen arbeitspolitischen Feldern und damit auch Beratungsansätze, die den sachlichen und strategischen Herausforderungen entlang der zu gestaltenden Prozesse gerecht werden und beständig reflexive Vergewisserungen einbeziehen.

Der Wandel in den Arbeitsbeziehungen mit seiner enorm gestiegenen Komplexität und den gewachsenen reflexiven Anforderungen soll im Folgenden an einem Beispiel vertieft werden: dem seit den 1990er Jahren zu beobachtenden Rollenwandel von Betriebsräten. Im Zuge der Globalisierung finden in den Unternehmen auf allen Ebenen Prozesse der Entgrenzung von Organisationsstruktur und Arbeitsorganisation

---

[34] Vgl. Heidling, E. et al. (2004): Restrukturierung nationaler Interessenvertretung, in: Beck, U./Lau, C. (Hrsg.): Entgrenzung und Entscheidung.
[35] Vgl. http://www.igmetall.de/cps/rde/xchg/internet/style.xsl/view_2502.htm.
[36] Vgl. http://gerecht-geht-anders.de/staedte-in-not.

statt. Stichworte hierfür sind die Tendenz zur Vermarktlichung innerorganisatorischer Vorgänge und die Dezentralisierung von Unternehmen. Damit einher gehen eine Vielzahl neuer Managementstrategien: Neue Produktionskonzepte, Ausgründungen, Gruppenarbeit, Zielvereinbarungen, Flexibilisierungen der Arbeitszeit, leistungsabhängige Entgelte usw. Diese Veränderungen sind für einen Akteur wie den Betriebsrat schwer zu handhaben. Der hat seine Hauptaufgabe lange Zeit darin gesehen, mit dem Arbeitgeber möglichst eindeutige und länger geltende Regelungen zu vereinbaren und diese beständig zu kontrollieren. Neu für Betriebsräte ist vor allem die Tatsache, dass sie vermehrt in die Reorganisation ihres Unternehmens einbezogen werden. In vielen Betrieben werden sie in Steuerungs- und Projektgruppen an den betrieblichen Veränderungsprozessen beteiligt und übernehmen damit – nicht selten mehr als ihnen lieb ist – Mitverantwortung am unternehmerischen Geschehen.[37] Der Betriebsrat, so der Bremer Arbeitswissenschaftler *Guido Becke*, trägt in unternehmensweiten Reorganisationsprozessen dazu bei, „geltende, lebensweltlich anerkannte sozial-moralische Standards zu wahren und fortzuentwickeln, die Interessen diverser Belegschaftsgruppen angemessen in Transformationsprozessen zu berücksichtigen und miteinander auszutarieren sowie in Verhandlungen mit der Unternehmensleitung zur Geltung zu bringen".[38] Betriebsräte, so *Becke*, sind tendenziell „Garanten und Promotoren einer längerfristig angelegten Unternehmensentwicklung, zumal sie sich an entsprechenden Erfolgsfaktoren (z.B. sozial-moralische Standards […], Qualifikationsentwicklung der Mitarbeiter, betriebliche

---

[37] Vgl. Drott, M. (2010): FAIR – Erfahrungen mit dem partizipativen Projekt zur Sanierung einer Klinik aus Sicht des Betriebsrats, in: Zeitschrift Supervision, Heft 1; Tietel, E. (2009): Der Betriebsrat als Partner des Beraters in Reorganisationsprozessen, in: Leithäuser, T./Meyerhuber, S./Schottmayer, M. (Hrsg.): Sozialpsychologisches Organisationsverstehen.

[38] Vgl. Becke, G. (2005): Überlebensfähigkeit durch radikalen Unternehmenswandel – Balanceakt zwischen Veränderungsdynamik und reproduktiver Stabilität, S. 36.

Gesundheitsförderung) orientieren und im Vergleich zur Unternehmensleitung auch oftmals eine stärkere personelle Kontinuität verkörpern".[39] Mit der zunehmenden Entwicklung eigener arbeitspolitischer Strategien auf Seiten der Arbeitnehmervertreter vollzieht sich „schrittweise eine Verschiebung von der arbeitnehmerschutzorientierten hin zu einer offensiven gestaltungsorientierten Einflussnahme auf betriebliche Entscheidungen. Im Mittelpunkt der Betriebsratsarbeit steht dabei die Ausarbeitung von Konzepten mit dem Ziel, vorbeugend gegen den Abbau von Personal und von Arbeitsplätzen vorzugehen"[40].[41] *Detlef Wetzel*, stellvertretender Vorsitzender der IG Metall, bringt die veränderten Herausforderungen an Interessenvertretung wie folgt auf den Punkt: „So wie heute die Gestaltung des fortlaufenden Wandels zum Kerngeschäft des Managements gehört, so sind auch Gewerkschaften und Betriebsräte gefordert, Veränderungsprozesse dauerhaft und kontinuierlich zu beeinflussen. Change Management unter Beteiligung von Mitgliedern und Beschäftigten gehört heute zum Kerngeschäft von Gewerkschaftsarbeit".[42] Dies wird durchaus auf Arbeitgeberseite wahrgenommen. So konstatiert *Niedenhoff*, der über Jahre im Institut der deutschen Wirtschaft die betrieblichen Arbeitsbeziehungen erforscht hat, einen deutlichen Wandel im Selbstverständnis der Be-

---

[39] Vgl. Becke, G. (2005): Überlebensfähigkeit durch radikalen Unternehmenswandel – Balanceakt zwischen Veränderungsdynamik und reproduktiver Stabilität, S. 36.

[40] Ein zentraler Stellenwert kommt in diesem Zusammenhang den Leitungsgremien in Betriebsräten (z.B. dem Betriebsausschuss) und auf den lokalen und überregionalen Ebenen der Gewerkschaften zu, da diese besonders gefordert sind, überfällige Modernisierungsprozesse zu initiieren und zu steuern. Dazu müssen die entsprechenden Gremien arbeits- und handlungsfähig werden, wozu es hoher selbstreflexiver Kompetenzen nicht nur von Einzelnen, sondern vor allem auf Gruppen- bzw. Teamebene bedarf.

[41] Vgl. Heidling, E. et al. (2004): Restrukturierung nationaler Interessenvertretung, in: Beck, U./Lau, C. (Hrsg.): Entgrenzung und Entscheidung, S. 364.

[42] Vgl. Wetzel, D. (2008): Perspektiven der arbeitsorientierten Beratung – Neue Handlungsfelder aus Sicht der Gewerkschaften, in: Kost, K. (Hrsg.): Beratung anders - Consulting für Betriebsräte und Gewerkschaften, S. 29.

triebsräte: „Weg vom defensiven betriebsverfassungsrechtlichen Bewacher und Bewahrer, hin zum konstruktiven Mitgestalter der Unternehmenspolitik"[43].[44]

Für Betriebsräte (und Beschäftigte) ist es allerdings verhängnisvoll, dass sich auf Seiten der Arbeitgeber eine gegenläufige Tendenz abzeichnet. Während sich in der Vergangenheit eine gewisse Umsicht für die betriebliche Sozialwelt auf die Schultern beider betriebspolitischer Akteure verteilte, und nicht selten auch bei Eigentümern und Geschäftsleitungen eine Art von „patriarchalischer Fürsorgehaltung" (Schmidt/Trinczek 1999: 103)[45] vorhanden war, wird diese gemeinschaftliche Betriebsorientierung seit den 1990er Jahren von einem neuen Typus von Managern kaum noch mitgetragen. Letztere begreifen sich nicht mehr als Menschen an der Spitze eines sozialen Verbundes, sondern haben sich der „Leitidee der profitorientiert vermarktlichten Sozialordnung"[46] verschrieben. Dies führt in der Tendenz dazu, dass Betriebsräte heutzutage nicht selten die einzige Instanz sind, die den Betrieb als Ganzes mit seinen ökonomischen, arbeitspolitischen, lebensweltlichen und persönlichen Dimensionen ins Auge fassen und gegen die Partialinteressen sowohl des Managements und der Share-

---

[43] Das Angebot nicht nur zur ‚Sozial-', sondern darüber hinaus zu einer Art von ‚Managementpartnerschaft' hat seit geraumer Zeit jedoch eine bittere Kehrseite: Betriebsräten werden unter der Prämisse der ‚Beschäftigungssicherung' Zugeständnisse abverlangt, die noch vor kurzem als undenkbar galten. So besteht der Preis des Mit-Managens häufig darin, der Reduzierung von Gehaltsbestandteilen sowie der Erhöhung und Flexibilisierung der Arbeitszeit zuzustimmen – nicht selten unter Missachtung bestehender Tarifverträge. Die Sorge um die gefährdeten Arbeitsplätze macht Betriebsräte in gewisser Weise erpressbar.

[44] Vgl. Niedenhoff, H.-U. (2008): Der Betriebsrat als Produktionsfaktor, in: Benthin/Brinkmann (Hrsg.) (2008): Unternehmenskultur und Mitbestimmung, S. 336.

[45] Vgl. Schmidt, R./Trinczek, R. (1999): Der Betriebsrat als Akteur der industriellen Beziehungen, in: Müller-Jentsch, W. (Hrsg.): Konfliktpartnerschaft, S. 103.

[46] Vgl. Boes, A. (2004): Die wundersame Neubelebung eines vermeintlichen Auslaufmodells, S. 10.

holder als auch einzelner Belegschaftsgruppen sowie weiterer interner und externer Akteure zu vertreten suchen. Damit einher gehen neue Anerkennungsansprüche von Betriebsräten, die auf die Wertschätzung des Betriebsrats als besondere Führungskraft zielen. Dieser Anerkennungsanspruch verschafft sich in der Formulierung „auf Augenhöhe verhandeln" einen begrifflichen Ausdruck, nicht wenige ihrer Gegenüber auf Managementseite haben noch ein Problem damit.[47]

Ein Aspekt soll noch angedeutet werden, der im Kontext moderner Managementkonzepte Betriebsräte vor neue sowohl betriebspolitische als auch kulturelle Anforderungen stellt: die Ausbreitung von Verfahren direkter Partizipation. Vor allem in Gestalt des Gruppensprechers, aber auch in Form von Projekten oder Teams entstehen neue Arrangements individualisierter bzw. gruppenbezogener Interessenvertretung und führen zu einer Neugestaltung der betrieblichen Sozialbeziehungen. Denn durch direkte Partizipation wird ein Element von Diskursivität in den Vordergrund gerückt, das bei der repräsentativen Mitbestimmung auf Betriebsrat und Management beschränkt war. Von nicht wenigen Betriebsräten werden diese Formen direkter Partizipation als Konkurrenz zur traditionellen kollektiven Interessenvertretung angesehen, vor allem dann, wenn Geschäftsleitungen Betriebsrat und Belegschaft gegeneinander ausspielen bzw. wenn Betriebsräte sich in einer früher ziemlich undenkbaren Konkurrenz mit der Geschäftsleitung um die Gunst der Belegschaft erleben. Auch für die Solidarität innerhalb einer Belegschaft, aber auch zwischen Arbeitnehmern generell, einst das gewichtigste Pfund der Interessenvertretung, gilt heute

---

[47] Vgl. Tietel, E. (2006): Konfrontation – Kooperation – Solidarität. Betriebsräte in der sozialen und emotionalen Zwickmühle.

also, dass diese immer weniger abrufbar ist, sondern produziert werden muss.[48]

Verschärft wird dies für Betriebsräte durch die Tendenz zu einer Segmentierung der Belegschaft in Stamm- und Randbelegschaften, in Vollzeit- und Teilzeitbeschäftigte, in niedrig und hoch qualifizierte Arbeitskräfte etc. Dies macht eine einheitliche Interessenvertretung nahezu unmöglich. Hinzu kommt die zunehmende Berufsorientierung in der Interessenvertretung (siehe Ärzte, Fluglotsen, Lokführer etc.), eine Tendenz, die seit der richterlichen Aufhebung des Grundsatzes der Tarifeinheit verstärkt auch die Gewerkschaften betrifft. Nicht zuletzt schlägt die Individualisierung und die „Subjektivierung" der Arbeit auf die betriebliche Wirklichkeit durch: flexible Arbeitszeiten bis zur Vertrauensarbeitszeit, individuelle Zielvereinbarungen usw. führen dazu, dass jedem einzelnen Beschäftigten größere Aufmerksamkeit, aber auch größere Verantwortung zukommt. Im Kontext der ‚Subjektivierung der Arbeit' und der Tendenz zum sog. „Arbeitskraftunternehmer"[49] berichten Betriebsräte, dass Arbeitszeitregelungen von Beschäftigten nicht nur unterlaufen und ignoriert werden, sondern man sich als Betriebsrat obendrein noch Ärger einhandelt, wenn man die Betreffenden wegen ihrer Tendenz zum ‚Arbeiten ohne Ende' zur Rede stellt. Bewährte Formen von Gegenmacht laufen dann ins Leere, wenn die Beschäftigten selber die Regelungen ignorieren, die doch zu ihrem Schutz vereinbart worden sind. Die Beschäftigten sind insgesamt dem Betriebsrat gegenüber selbstbewusster geworden und vertreten offensiver ihre jeweiligen Interessen und Anliegen. Sie lassen sich vom Betriebsrat nicht mehr vorschreiben, was sie denken und wollen

---

[48] Vgl. Kunkel, R. (2006): Betriebsräte und Konfliktpartnerschaft, in: Edding, C./Kraus, W. (Hrsg.): Ist der Gruppe noch zu helfen? Gruppendynamik und Individualisierung, S. 146.

[49] Vgl. Voß, G./Egbringhoff, J. (2004): Der Arbeitskraftunternehmer - Ein neuer Basistyp von Arbeitskraft stellt neue Anforderungen an die Betriebe und an die Beratung, in: Supervision, Heft 3/2004.

sollen. Sie erlauben ihm weniger, sich in ihre Arbeit und in ihre Arbeitskultur einzumischen, sondern erwarten vielmehr, dass der Betriebsrat ein kompetenter Ansprechpartner für ihre Anliegen ist, dass er in seinen eigenen Reihen transparente Strukturen schafft und seine Ziele und Interessen der Belegschaft gegenüber diskursiv begründet.

Zusammenfassend kann man sagen, dass sich die Verortung und damit die Rolle des Betriebsrats in neuer Form darstellt: Betriebsräte befinden sich in der Rolle von „Grenzgängern", die um einen Ort ringen zwischen

- heterogenen Belegschaftsinteressen und -anliegen, die sich teilweise in Gestalt direkter Partizipation Ausdruck verschaffen;
- der Marktabhängigkeit des Unternehmens, den Gewinninteressen der Eigentümer und Shareholder, dem steten Unternehmenswandel und neuen Managementstrategien;
- politischen und sozialen Forderungen der Gewerkschaften unter Bedingungen einer zunehmenden Verbetrieblichung und
- ihrer eigenen Identität (als Institution, als Rollenträger, als Personen und nicht zuletzt als Teil eines kulturell heterogen zusammengesetzten Gremiums).

Hin- und hergerissen zwischen der permanenten Abarbeitung von Krisenfolgen und dem Einbezogensein in übergreifende betriebliche Gestaltungsaufgaben, haben es Betriebsräte heute ausgesprochen schwer, ihren betriebspolitischen Ort zu finden und eine angemessene (Rollen-)Identität zu entwickeln.[50] Nicht genug damit, dass das Erwar-

---

[50] Es soll hier nur kurz darauf hingewiesen werden, dass sich diese Situation in der Praxis und im Erleben hauptamtlicher Gewerkschafter/innen spiegelt. Trotzdem steht für diese das Spannungsfeld zwischen den von den Betriebsräten repräsentierten Einzelinteressen und dem Interessenausgleich auf Bran-

tungsspektrum von den Polen des ‚konsequenten Interessenvertreters' und des ‚gestaltungsorientierten Co-Managers' markiert wird, die Anforderungen an Betriebsräte laufen mehr und mehr auf die eines „Allround-Talents" hinaus. Zumindest im Ansatz soll der Allrounder Arbeitsrechtler, Tarifexperte, Betriebswirt, Arbeitsmediziner, Industriesoziologe, EDV- und Datenschutzexperte, Moderator, Konfliktlöser, Organisationsentwickler, Prozessbegleiter, Projektmanager, Qualitätsspezialist, Verhandlungsexperte und ‚gewiefter Betriebspolitiker' sein, um nur die Wesentlichen der gängigen Vorstellungen über den ‚modernen' Betriebsrat zu nennen. Aus Beratungsperspektive ist besonders die Rolle von Betriebsräten bei der Gestaltung von Veränderungsprozessen zu betonen.

Während früher das richtige politische Bewusstsein, rechtliche Kenntnisse und machtvolle Durchsetzungsstrategien als die zentralen Erfolgsfaktoren für Mitbestimmung angesehen werden konnten, ist Interessenvertretung heute zu einem hohen Anteil ‚Beziehungsarbeit' geworden. Die Akteure benötigen zur qualifizierten und professionellen Ausübung der Interessenvertretung soziale und persönliche Fähigkeiten, die längst nicht mehr nur ins Feld von Juristen, Betriebswirten und EDV-Spezialisten fallen, sondern genuin psycho-soziale und interaktive Kompetenzen darstellen, wie Selbstreflexion, Kommunikationsvermögen, Kooperations- und Teamfähigkeit sowie konstruktives Konfliktverhalten – Fähigkeiten, die wir an anderer Stelle als „trianguläre Kompetenz" bezeichnet haben.[51] Unterstützung bei der Entwicklung

---

chenebene und dem gesellschaftlichen Gemeinwohl in Vordergrund. Gewerkschaften sind damit aufgerufen, Dialog- und Aushandlungsstrukturen auf Branchenebene (zum Teil auf europäischer und Weltmarktebene) zu organisieren. Auch hier gilt es, den Gesamtinteressen den Vorrang vor den jeweiligen einzelwirtschaftlichen Partialinteressen zu verschaffen und überbetrieblich um ‚gute Lösungen' zu ringen (siehe hierzu die DGB-Initiative „Gute Arbeit" unter: http://www.dgb-index-gute-arbeit.de/).

[51] Vgl. Tietel, E. (2006): Konfrontation – Kooperation – Solidarität. Betriebsräte in der sozialen und emotionalen Zwickmühle.

dieser Kompetenzen erhalten Arbeitnehmervertreter nicht zuletzt durch reflexive Beratungsverfahren. Doch bevor wir im letzten Teil dieses Aufsatzes einige – wie es in der Beraterszene heißt – „Formate" reflexiver Beratung (im arbeitspolitischen Feld) vorstellen, soll zunächst auf einer begrifflichen Ebene das „Reflexive" im Leitgedanken der reflexiven Beratung ausgeführt werden.

2.1. Zum Begriff des ‚Reflexiven' in der reflexiven Beratung

Einer der wenigen, der sich seit geraumer Zeit mit der Frage von Reflexivität, reflexivem Handeln und reflexiver Beratung im arbeitspolitischen Feld sowohl theoretisch als auch empirisch beschäftigen, ist der Münchner Soziologe *Hans Pongratz*. Handeln ist *Pongratz* zufolge „dann reflexiv, wenn der bewusste Rückbezug auf frühere Handlungen (in der Regel aus eigener Erfahrung unter vergleichbaren Bedingungen) seine Leitlinie bildet. Kennzeichen von Reflexivität ist also das Nachdenken über aktuelle Handlungsanforderungen im systematischen Abgleich mit Voraussetzungen und Folgen vorangegangener Handlungen (Reflexivität als systematische Rückbezüglichkeit des Handelns)".[52] Reflexives Handeln greift damit auf die bisherigen Erfahrungen mit den in Frage stehenden Gegenständen, Problemstellungen und Prozessen zurück, fragt, was sich (wie) bewährt hat oder aber nicht, und erlaubt so „die flexible Anpassung von Handlungen im Prozess ihrer Umsetzung".[53] Reflexives Handeln produziert also „perspektivische, prozessorientierte Entscheidungen, die gleichzeitig in die Vergangenheit zurückreichen, auf aktuelle Handlungserfordernisse reagieren und künftige Unabwägbarkeiten des Handelns in Rechnung

---

52   Vgl. Pongratz, H. (2010): Reflexive Beratung und gewerkschaftliche Interessenvertretung: Hindernisse und Chancen, in: Tietel, E./Kunkel, R. (Hrsg.): Reflexiv-strategische Beratung für Interessenvertreter.
53   Vgl. Pongratz, H. (2010): Reflexive Beratung und gewerkschaftliche Interessenvertretung: Hindernisse und Chancen, in: Tietel, E./Kunkel, R. (Hrsg.): Reflexiv-strategische Beratung für Interessenvertreter.

stellen".[54] Hierzu gehört unseres Erachtens auch die Überprüfung, welche der eigenen Prämissen und Vorannahmen sich bewährt haben und welche nicht – eine Frage, der von den ‚Dialog-Ansätzen' eine hohe Relevanz zugesprochen wird.[55]

Im Anschluss daran bestimmt *Pongratz* reflexive Beratung als Entwicklung von Problem- oder Konfliktlösungen[56] „durch dialogische Aufklärung der eigenen Verwicklungen und Verstrickungen in aktuelle und frühere Handlungskonstellationen und Beziehungsmuster. Reflexive Beratung unterscheidet sich damit (ohne diese von vornehrein als Beratungselemente auszuschließen) grundlegend von

- Wissensvermittlung, Schulung und Expertenberatung,
- von normativer Anleitung nach Erfolgsmodellen („best practice"),
- aber auch von Selbsthilfe und informellem Lernen (ohne Begleitung)
- oder vom unsystematischen Erfahrungsaustausch".[57]

In eine ähnliche Richtung, wiewohl mit einer stärkeren Betonung der Anwendung auf den reflexiven Berater selbst, weist die Bestimmung von Reflexivität, reflexivem Handeln und reflexiver Beratung bei *Moldaschl*. Reflexives Handeln lässt sich *Moldaschl* zufolge anhand der folgenden drei Merkmale bestimmen: „Erstens, der Handelnde versteht

---

[54] Vgl. Pongratz, H. (2010): Reflexive Beratung und gewerkschaftliche Interessenvertretung: Hindernisse und Chancen, in: Tietel, E./Kunkel, R. (Hrsg.): Reflexiv-strategische Beratung für Interessenvertreter.
[55] Vgl. Ehmer, S. (2004): Dialog in Organisationen, S. 120.
[56] Zur Unterscheidung von Problem und Konflikt vgl. Kunkel, R./van Kaldenkerken, C. (2006): Erfahrungen aus der Mediation für die Unternehmensberatung, in: Bamberg, E./Schmidt, J./Hänel, K.: Beratung – Counseling – Consulting, S. 287.
[57] Vgl. Pongratz, H. (2010): Reflexive Beratung und gewerkschaftliche Interessenvertretung: Hindernisse und Chancen, in: Tietel, E./Kunkel, R. (Hrsg.): Reflexiv-strategische Beratung für Interessenvertreter.

sich als eingebettet in einen sozialen Kontext, dem er in seinem Begreifen und Wirken nicht losgelöst und ‚objektiv' gegenübertreten kann. Zweitens befasst er sich daher eingehend auch mit den nichtintendierten Wirkungen seines Handelns im betreffenden Kontext.[58] Und drittens wendet er die Methoden und Theorien, die er auf den Gegenstand anwendet, auch auf sich selbst an; er würde z.b. nicht nur in Organisationen mikropolitische Spiele analysieren, sondern auch seine (freiwillige und unfreiwillige) Rolle in denselben".[59]

Eine besondere Bedeutung für reflexive Beratungsansätze kommt *Moldaschl* zufolge der Kontextualisierung zu: Der reflexive Berater sieht „seine Aufgabe hinsichtlich des Transfers von wissenschaftlichem Wissen oder von Erfahrung aus anderen Betrieben gerade darin (…), dieses Wissen für die besonderen Verhältnisse seines Falles zu (re-) kontextualisieren".[60] Die (Re-)Kontextualisierung und damit das „Lernen am Fall" ist ein wesentliches Merkmal aller supervisorischer und supervisionsnaher Beratungsformen.[61] Zentral für reflexive Beratung ist in *Moldaschls* Verständnis schließlich die Anwendung von Reflexivität auf die reflexive Beratung selbst – also die Institutionalisierung von Reflexivität – durch regelmäßige Supervision/Intervision oder Evaluation. Dazu gehört auch, sich dieser Verfahren „nicht allein modellkon-

---

[58] Moldaschl greift hier den Begriff der „nichtintendierter Nebenfolgen" auf, wie er im Zentrum von Becks Theorie reflexiver Modernisierung steht; vgl. Beck, U./Bonß, W./Lau, C. (2004): Entgrenzung erzwingt Entscheidung: Was ist neu an der Theorie reflexiver Modernisierung?, in: Beck, U./Lau, C. (Hrsg.): Entgrenzung und Entscheidung.

[59] Vgl. Moldaschl, M. (2001): Reflexive Beratung - Eine Alternative zu strategischen und systemischen Ansätzen, in: Degele, N./Münch, T./Pongratz, H./Saam, N. (Hrsg.): Soziologische Beratungsforschung - Perspektiven für Theorie und Praxis der Organisationsberatung, S. 9f.

[60] Vgl. Moldaschl, M. (2001): Reflexive Beratung - Eine Alternative zu strategischen und systemischen Ansätzen, in: Degele, N./Münch, T./Pongratz, H./Saam, N. (Hrsg.): Soziologische Beratungsforschung - Perspektiven für Theorie und Praxis der Organisationsberatung, S. 11.

[61] Vgl. Busse, S. (2009): Lernen am Fall Erkenntnis in der Beratung, in: Zeitschrift Supervision.

sistent" zu bedienen; ein reflexiver Berater sollte sich also „nicht nur von Angehörigen der eigenen Glaubensrichtung supervidieren" lassen, sondern vielmehr „Irritation ‚importieren', indem er Beobachter mit anderen Brillen auf sich ansetzt. Schon aus pragmatischen Gründen wird er vor allem Klienten in diese Aufgaben einbinden, d.h. sich von ihnen evaluieren lassen".[62]

Die im Folgenden vorgestellten reflexiven Beratungsverfahren mögen den strengen wissenschaftlichen Maßstäben an Reflexivität nicht in allen Punkten genügen, sie entwickeln sich jedoch in diese Richtung und zeichnen sich dadurch aus, dass sie selbst Reflexivität als einen ihrer Kernbestandteile ansehen.

2.2. Ansätze reflexiver Beratung im arbeitspolitischen Feld[63]

Ausgehend von den geschilderten Veränderungen im arbeitspolitischen Feld geht es bei der reflexiven Beratung von Arbeitnehmervertretern im Kern um Beratungskontexte, bei denen sich sowohl die Anzahl der beteiligten Akteure erhöht hat, als auch und vor allem, bei

---

[62] Vgl. Moldaschl, M. (2001): Reflexive Beratung - Eine Alternative zu strategischen und systemischen Ansätzen, in: Degele, N./Münch, T./Pongratz, H./Saam, N. (Hrsg.): Soziologische Beratungsforschung - Perspektiven für Theorie und Praxis der Organisationsberatung, S. 12.

[63] Es gibt seit einigen Jahren Angehörige reflexiver Beratungsformen, die in diesem Feld erfolgreich arbeiten. Eine von Carla von Kaldenkerken geleitete Projektgruppe der Deutschen Gesellschaft für Supervision (DGSv) „Supervision und Gewerkschaften" hat 2004 unter dem Titel „Anschlussfähigkeit" eine erste institutionelle Begegnung zwischen Gewerkschaftern und Supervisoren organisiert (vgl. Zeitschrift Supervision (2008): Themenheft „Betriebspolitik und Supervision", Heft 1). Daran anknüpfend haben die beiden Autoren (Erhard Tietel und Roland Kunkel) gemeinsam mit einer Gruppe von Beratern im Jahr 2008 zu einer Tagung „Reflexiv-strategische Beratung in arbeitspolitischen Kontexten" eingeladen, bei der freiberufliche Berater und Mitarbeiter aus Bildungsabteilungen und Beratungseinrichtungen verschiedener Gewerkschaften sich über die Erfahrungen mit Supervision, Organisationsberatung, Coaching, Teambildung und Konfliktberatung mit Betriebsräten und Gewerkschaftern ausgetauscht haben. Mit dem Schwerpunktheft 1/2008 hat die Zeitschrift Supervision eine Diskussion zu „Betriebspolitik und Supervision" initiiert.

denen man auch mit der ‚anderen Seite' – bzw. allen anderen beteiligten Seiten – in den Dialog treten muss. Für Betriebsräte heißt dies, dass die Begründung des eigenen Interesses und der eigenen Ziele aus dem Betriebsverfassungsgesetz nicht mehr ausreicht, um erfolgreich für die eigene Belegschaft und den eigenen Betrieb Politik zu machen. Sie brauchen die konstruktive Bearbeitung der Differenzen mit den für die jeweilige Themen- oder Problemstellung relevanten anderen und die Einbeziehung deren Sichtweisen. Mit Bezug auf das Bonmot, dass wer sich nicht in den Prozess begibt, darin umkommt, formuliert *Dietmar Hexel*, Mitglied des geschäftsführenden DGB-Vorstandes, dass der Umgang von Betriebsräten und Gewerkschaftern mit unklaren Zukunftsbildern und Unsicherheiten Beratungsformen erfordert, die eine „innere Stärkung" der arbeitspolitischen Akteure unterstützen und zu Antworten auf die folgenden Fragen beitragen:

- „Wie mit der steigenden Komplexität umgehen?
- Wie die eigenen Ängste und Nöte produktiv machen?
- Wie die unterschiedlichen Meinungen und Handlungsoptionen eines Betriebsrates unter einen Hut bringen.
- Wie sich wohlfühlen und aktionsfähig bleiben in der Sandwich-Position zwischen Belegschaft und dem Management?".[64]

In diesem Zusammenhang, so *Hexel*, „wächst in Betriebsräten und Gewerkschaften die Nachfrage nach prozessbezogenen und reflexiven Beratungs- und Fortbildungsangeboten, die neben fachlichen Expertisen auch ‚weiche' Fortbildungs- und Beratungsinhalte wie Konflikttraining bzw. Mediation, Organisationsentwicklung, Supervision, Teamentwicklung und Coaching umfassen. Aber auch zur Bewältigung von Aufgabenüberlastungen sowie Überforderungen, (inneren) Drucksituationen, der Entwicklung von (Rollen-)Identität und der Op-

---

[64] Vgl. Hexel, D. (2008): Ist Supervision in Gewerkschaften und für Betriebsräte nötig?, in: Zeitschrift Supervision, Heft 1, S. 3.

timierung der Kommunikationsbeziehungen in den Binnenstrukturen sind prozessorientierte und reflexive Fortbildungen für Betriebsräte und Gewerkschaftsbeschäftigte unverzichtbar".[65] Einen entsprechenden Beratungs- und Fortbildungsbedarf formuliert auch *Hans Herzer*, der im Rahmen der IG Metall einen Projektverbund mit dem Titel „Bildung und Beratung" geleitet hat, in dem in den Bildungsstätten der IG Metall haupt- und ehrenamtliche Mitarbeiter für Prozessbegleitung, Projektmanagement, Teamentwicklung, Konfliktberatung, Supervision und Coaching qualifiziert wurden. *Herzer*: „Es gibt einen verstärkten Beratungsbedarf betrieblicher Interessenvertreter in Fragen der Organisationsentwicklung der Betriebsrats- und Vertrauenskörper-Gremien, in der Begleitung ihrer Teamentwicklungsprozesse, in der Einzelberatung von Vorsitzenden und Freigestellten sowie in Fragen der Aufgaben- und Rollenklärung".[66]

Von besonderem Interesse sind hierbei Ansätze, die nicht nur mit Einzelnen (Einzelsupervision oder Einzelcoaching etc.) arbeiten, sondern mit Gruppen, Teams oder vernetzten betrieblichen bzw. gewerkschaftlichen Zusammenhängen. Politische Mitgliedsorganisationen und Solidarzusammenhänge leben von kollektivem Engagement und von Beteiligung. Sie bauen auf die Fähigkeit von haupt- und ehrenamtlichen Akteuren, in wechselnden Gruppenkonstellationen und in jeweils anderen Rollen kooperativ handlungsfähig zu sein. Die beraterische Arbeit in und mit gegebenen gewerkschaftlichen und betrieblichen Team-, Gruppen- und Netzwerkstrukturen erfordert von Beratern hohe beraterische Kompetenz und ein beträchtliches feldspezifisches Handlungswissen, verspricht aber auch eine größere Chance auf Nachhaltigkeit in diesen kollektiven Zusammenhängen, und ist – zu-

---

[65] Vgl. Hexel, D. (2008): Ist Supervision in Gewerkschaften und für Betriebsräte nötig?, in: Zeitschrift Supervision, Heft 1, S. 4.
[66] Vgl. IG Metall (Hrsg.) (2000): Bildung und Beratung im Bereich Prozessbegleitung, Projektmanagement, Teamentwicklung, Konfliktberatung, Supervision und Coaching, S. 11.

mindest im Falle erfolgreicher Beratungsprozesse – effektiver, da die Ressourcen von einer größeren Anzahl von Personen genutzt werden.

Wir porträtieren im Folgenden einige Beratungsformen, die in der Praxis eine große Rolle spielen. Das Gemeinsame an diesen Formen ist, dass sie untereinander anschlussfähig sind, miteinander kombinierbar, in unterschiedlichen Intensitäten genutzt und auch mit Fachberatung kombiniert werden können – so dass sie auch flankierend in Fachberatungsprozessen (z.B. zur Begleitung von Reorganisationsprozessen) eingesetzt werden können. So können für spezifische Anliegen passgenaue und maßgeschneiderte Lösungen entwickelt werden – zu denen zunächst einmal auch die „Beratung über Beratung" gehört. Ein integrierter Prozess von inhaltlicher Auftragsklärung und die gemeinsame Entwicklung eines kontext- und situationsangemessenen Beratungsdesigns verändert nicht zuletzt die Art der Kooperation zwischen Beratern sowie zwischen diesen und ihren ‚Auftraggebern'.

Zwei dieser Verfahren, die Mediation und die Teambildung mit Betriebsratsgremien, stellen wir etwas ausführlicher dar, da wir mit diesen die meiste Erfahrung haben und an deren Entwicklung und Professionalisierung im arbeitspolitischen Feld selbst beteiligt sind[67].

2.3. Supervision

Supervision kann als die Leitprofession der reflexiven Verfahren gelten. Sie hat den höchsten Professionalisierungsgrad, eine lange Tradition, ausgeprägte Ausbildungscurricula und einen engen Bezug zur Beratungsforschung. Im konzeptionellen Mittelpunkt von Supervision stehen die Reflexion, die Mehrperspektivität sowie ein situativer, fall- und prozessbezogener Ansatz: Gegenstand von Supervision ist die Reflexion arbeitsbezogener Beziehungen und Tätigkeiten sowie deren

---

[67] Auf die Unterstützungsmöglichkeiten durch Moderation und Projektmanagement gehen wir nicht eigens ein, da dies Formen sind, die sich in der Breite bewährt haben, und als bekannt unterstellt werden dürften.

strukturelle und strategische Einbettung in den organisatorischen Kontext. Supervision arbeitet an den Schnittstellen Person – Tätigkeit – Rolle/Funktion – Organisation – Umwelt – Gesellschaft, d. h., Supervision berücksichtigt differente Bezugssysteme mit ihren jeweiligen Dynamiken.[68] Die Stärke der Supervision liegt *Rappe-Giesecke*[69] zufolge darin, dass sie neben den manifesten besonders „die latenten Steuerungsprogramme der Person, der Profession, der Klienten und der Organisation erforscht und den Professionellen zur Verfügung stellt. Wenn ich weiß, was mein Handeln leitet, habe ich die Chance, die Angemessenheit dieses Programms für die jeweilige Situation zu überprüfen und Alternativen zu suchen." Supervision zeichnet sich durch den Anspruch aus, „ein Arbeitsbündnis herzustellen und zu klären, ob sie für das Anliegen/den Auftrag geeignet ist (Kontrakt). Formen von Supervision sind Einzelsupervision, Führungs- und Leitungssupervision, Teamsupervision, Abteilungssupervision, Projektsupervision, Organisationssupervision, Gruppensupervision, Lehrsupervision, Ausbildungssupervision, Fallsupervision oder Balintgruppe".[70] Eine Sonderform von Supervision ist die „kollegiale Beratung", die oft anfangs supervisorisch begleitet wird, bis sich eine gewisse Reflexionskompetenz und ein Verständnis der Arbeitsweise in der kollegialen Beratungsgruppe entwickelt haben und diese selbständig weiterarbeitet. Kollegiale Beratung spielt in Betriebsrätenetzwerken oder beispielsweise im Rahmen des Branchenaustausches von Betriebsräten der IG Metall eine Rolle.[71] Beispiele zu Supervision mit Arbeitnehmervertretern finden sich in der

---

[68] Vgl. Hausinger, B. (2010): Supervision, in: Deutsche Gesellschaft für Supervision (DGSv) (Hrsg.): Kernkompetenz: Supervision.
[69] Vgl. Rappe-Giesecke, K. (2003): Supervision für Gruppen und Teams, S. 3.
[70] Vgl. Hausinger, B. (2010): Supervision, in: Deutsche Gesellschaft für Supervision (DGSv) (Hrsg.): Kernkompetenz: Supervision, S. 44.
[71] Vgl. Herzer, H./Schroth, J. (2010): Anforderungen an reflexiv-strategische Beratung - Interview mit Hans Herzer und Jochen Schroth, in: Tietel, E./Kunkel, R. (Hrsg.): Reflexiv-strategische Beratung für Interessenvertreter.

Ausgabe 1/2008 der Zeitschrift Supervision („Arbeitspolitik und Supervision").[72]

2.4. Coaching

Diese Beratungsform hat eine sehr große konzeptionelle Nähe zur Supervision, jedoch einen deutlich geringeren Professionalisierungsgrad. Nach Ansicht mancher Autoren ist das Coaching stärker auf die Führungsrolle und die Verbesserung der Führungskompetenz bezogen, was angesichts weit verbreiteter Leitungssupervision jedoch nicht wirklich trennscharf ist. Supervision und Coaching unterscheiden sich unseres Erachtens wesentlich hinsichtlich ihrer Herkunft aus der sozialen Arbeit (Supervision) bzw. aus dem Wirtschaftsbereich (Coaching). Damit hängt zusammen, dass Supervision stärker auf Beruflichkeit und Professionalität bezogen ist, während Coaching mehr die Organisationsziele sowie Fragen von Funktion/Position und Rolle in der Organisation betont.[73] Beispiele zum Coaching mit Betriebsratsvorsitzenden und gewerkschaftlichen Funktionsträgern finden sich bei *Tietel, Weiß* und bei *Pöter*.[74]

---

[72] Siehe zur Supervision auch die Homepage der Deutschen Gesellschaft für Supervision (DGSv), die einen umfangreichen Download-Bereich hat (www.dgsv.de).

[73] Vgl. Rappe-Giesecke, K. (2008): Triadische Karriereberatung, S. 41f.

[74] Vgl. Tietel, E. (2006): Wiedergewinnung des inneren Spielraums und der gedanklichen Bewegungsfreiheit: Team-Coaching für Vorsitzende von Arbeitnehmervertretungen, in: Arbeit und Politik - Mitteilungsblatt der Akademie für Arbeit und Politik der Universität Bremen, 18. Jg. Nr. 31/32. 61-64 (http://www.aap.uni-bremen.de/ccm/cms-service/stream/asset/?asset_id=151058); Weiß, K. (2008): Orientierung – Supervision und Coaching mit Gewerkschaftsmitarbeitenden, in: Zeitschrift Supervision, Heft 1; Pöter, B. (2010): Coaching-Gruppen für Betriebsratsmitglieder: Zu Anlässen und Arbeitsweisen in der aktuellen Situation von Betriebsräten, in: Tietel, E./Kunkel, R. (Hrsg.): Reflexiv-strategische Beratung für Interessenvertreter.

2.5. Organisationsberatung

Unter den zahlreichen Verwandten der Beratungsform „Supervision" nimmt die Organisationsberatung eine Sonderrolle ein. Loos zufolge ist sie, genau wie die Supervision, „mitten in der konzeptionellen Kluft zwischen ‚Organisation', und ‚Person' angesiedelt und muss demzufolge simultan mit zwei sehr unterschiedlichen Bezugssystemen zurechtkommen. Andererseits ist sie, anders als die Supervision, von ihrer professionellen Geschichte her ganz eindeutig in den Fragen nach der zielführenden, sinnvollen Organisationsgestaltung verwurzelt und hat deswegen ihrerseits nahe Verwandte im Bereich der technisch-sachlichen Disziplinen der expertenorientierten Unternehmensberatung".[75] Der Organisationsberatung geht es „um die Ingangsetzung und begleitende Steuerung großflächiger Veränderungsvorhaben, um Strukturen, Abläufe und kollektive Haltungen den geänderten Rahmenbedingungen anzupassen und dabei – im Sinne der Nachhaltigkeit – entsprechende Mitwirkung der betroffenen ‚Bewohner' der Organisation abzusichern. Dazu ist es nötig, im schnellen Rhythmus die Betrachtungsebenen zu wechseln: Befindlichkeiten, Interaktionsmuster, ‚genetisch' gewordene kollektive Überzeugungen, Regularien, Strategien, technisch-funktionale Arbeitszusammenhänge, Inszenierungsformen, Führungsrollen, Technologien und Herrschaftsarchitekturen sind im Blick".[76] Organisationsberatung und Organisationsentwicklung werden in den Gewerkschaften stark zu Change-Management-Prozessen eingesetzt, in der Regel jedoch nicht öffentlich publiziert.[77]

---

[75] Vgl. Loos, W. (2010): Organisationsberatung, in: Deutsche Gesellschaft für Supervision (DGSv) (Hrsg.): Kernkompetenz: Supervision. Düsseldorf, S. 9.
[76] Vgl. Loos, W. (2010): Organisationsberatung, in: Deutsche Gesellschaft für Supervision (DGSv) (Hrsg.): Kernkompetenz: Supervision. Düsseldorf, S. 11.
[77] Vgl. Buggeln, U./Reinken, D. (2010): Reflexionen zum partizipativen Organisationsentwicklungsprojekt der IG Metall Verwaltungsstellte Bremen – ein Praxisbericht, in: Tietel, E./Kunkel, R. (Hrsg.): Reflexiv-strategische Beratung in der Interessenvertretung.

Verfügbar ist dagegen das Themendossier „Organisationsentwicklung im DGB" der Zeitschrift „Einblick".[78]

2.6. Mediation

Die oben beschriebenen Verfahren beruhen darauf, dass eine halbwegs offene Kommunikation möglich ist, die Beteiligten im Wesentlichen respektvoll miteinander umgehen und Differenzen sich auf die Sachebene beschränken. Das ist aber bei Konflikten nicht mehr der Fall.

„Konflikte sind Auseinandersetzungen, in denen wir leidenschaftlich werden (wenn sich die Energie nach außen richtet) aber auch teilweise verstummen (wenn sich die Energie nach innen richtet). Konflikte gibt es, weil wir Werte (im weitesten Sinne) haben, denen wir Geltung verschaffen wollen. Zu Produktivitätsbeeinträchtigungen und Leistungseinbußen führen Konflikte erst dann, wenn die Akteure nicht die Verantwortung für die Konfliktbearbeitung übernehmen. Gut geführte Auseinandersetzungen führen zu Klarheit, Zusammenhalt und Orientierung. Gelingende Konfliktbearbeitungen liefern Problemlösungsenergie, Bewertungsmaßstäbe und konkrete Gewichtungen für den Stellenwert bestimmter Kriterien im Entscheidungsprozess".[79]

Für die Konfliktbearbeitung hat sich Mediation als wichtigste Beratungsform entwickelt. Unter Mediation verstehen wir ein strukturiertes Vorgehen mit dem Ziel, einen von den Konfliktparteien akzeptierten einvernehmlichen Weg zu finden, der weder zu Gunsten noch zu Lasten einer der Parteien geht. Bei der Lösungssuche sollen alle durch die Übereinkunft „gewinnen", wir sprechen hier vom Gewinner-Gewinner-Modell, mindestens in dem Sinne, dass Handlungsfähigkeit (wieder) gewonnen wird, bzw. weitere Schäden verhindert werden. Manchmal ist ein Konflikt aber auch soweit eskaliert, dass nur noch

---

[78] Vgl. http://www.einblick.dgb.de/aktuelles/dossier/org/index_html.
[79] Vgl. Kunkel, R./van Kaldenkerken, C. (2006): Erfahrungen aus der Mediation für die Unternehmensberatung, in: Bamberg, E./Schmidt, J./Hänel, K.: Beratung – Counseling – Consulting, S. 281.

Schäden begrenzt werden können. Hier zielt Mediation auf ein Ende mit Schrecken statt des Schreckens ohne Ende, es geht um den Ausweg aus ruinösen Konflikten.

Mediation bietet den Rahmen dafür, dass die Beteiligten eine eigene, ihren Interessen und Anliegen möglichst optimal entsprechende Lösung erarbeiten, die sie auch umsetzen können. Mediation lässt die Verantwortung für die Konfliktlösung bei den Konfliktparteien und stellt ‚nur' das Verfahren zur Verfügung. Mediatoren/innen gehen im Grundsatz davon aus, dass beide Positionen im Konflikt erst mal Recht haben und die Suche nach Lösungen außerhalb der bisherigen Erklärungen vorgenommen werden muss. Mediatoren/innen nehmen die persönlichen Verletzungen und Wertekonflikte auf und stellen eine Verbindung zwischen den Beteiligten her, die es ihnen ermöglicht, tragfähige Optionen für eine künftige Zusammenarbeit zu entwickeln. Die Hauptarbeit liegt darin, persönliche, strukturelle und strategische Hintergründe verständlich zu machen, so dass Emotionen erstmal anerkannt werden und sich so ‚beruhigen' können. Dann ist es möglich, die dem Konflikt zu Grunde liegenden Probleme so zu formulieren und zu bearbeiten, dass kein Null-Summen-Spiel entsteht, sondern wechselseitig den Erläuterungen und Erfahrungen des Gegenübers zugehört wird, sie verstanden und aus ihnen gelernt werden kann. Es entsteht ein Sondierungskontext, indem neue Möglichkeiten durchdacht und entwickelt werden können. „Aufgabe der Mediatoren/innen ist es nicht, einen Schiedsspruch oder ein Urteil zu sprechen. (...) Die konstruktive Konfliktlösung (...) kann selbst dann gelingen, wenn die Konfliktparteien in einer offenkundigen Sackgasse stecken und allein nicht mehr weiterkommen bzw. gar nicht mehr miteinander reden. Die Vermittler/innen hören sich die Anliegen aller Beteiligten an, lassen sie ihre Gefühle ausdrücken und helfen bei der Klärung der eigentlichen Interessen der Konfliktparteien. In zunehmendem Maße stellen sie wieder eine direkte Verbindung zwischen den

Streitenden her. Die Kontrahenten/innen erfahren durch diese Vorgehensweise, welches die eigentlichen Probleme, Gefühle und Interessen der anderen Seite sind. Im geschützten Raum eines solchen Gespräches können sie Verständnis und neues Vertrauen zueinander entwickeln und schließlich gemeinsam an einer Lösung ihrer Probleme arbeiten. Das Ziel ist eine Vereinbarung, die alle Konfliktparteien unterzeichnen und umsetzen".[80] Angebote von Mediationsausbildungen und Einführungen in Konfliktmanagement gibt es mittlerweile an mehreren gewerkschaftlichen Bildungsstätten. Beispiele für die mediatorische Bearbeitung eines Machtkampfes im BR und zwischen BR und Unternehmensleitung werden von *Kunkel/van Kaldenkerken/Legler*[81] geschildert.[82]

2.7. Karriereberatung

Karriereberatung ist als eigenständiges Beratungsformat relativ jung.[83] Der Bedarf nach organisations-externer Karriereberatung wächst derzeit, weil die klassischen Berufsbiographien immer seltener werden, die Erwerbsbiographien fragmentieren und ein Zwang zu ‚Biographisierung' entsteht. Biographisierung meint, dass die Konstruktion von Sinn, von Kontinuität und Identität, die früher stärker die Institutionen übernommen haben, zur Aufgabe der einzelnen wird. Wechsel, Brüche und Krisen müssen verarbeitet werden, es muss ihnen subjektiver Sinn zugeschrieben werden. Ein Konzept, das sehr hohen Ansprüchen der

---

[80] Vgl. Besemer, C. (2009): Die Kunst der Vermittlung in Konflikten", S. 14.
[81] Vgl. Kunkel, R./van Kaldenkerken, C./Legler, S. (2010): Konfliktfähiger werden: Unterstützung bei Machtkämpfen, in: Tietel, E./Kunkel, R. (Hrsg.): Reflexiv-strategische Beratung für Interessenvertreter.
[82] Vgl. Knapp, P./Novak, A. (2003): Betriebsrat und Unternehmensleitung. Zusammentreffen unterschiedlicher Kulturen in Unternehmen, in: Pühl, H. (Hrsg.): Mediation in Organisationen; Heintel, P./Falk, G. (2003): Personalumbau: Wirtschaftsmediation am Beispiel eines Bankenkonfliktes, in: Pühl, H. (Hrsg.): Mediation in Organisationen.
[83] Vgl. Rappe-Giesecke, K. (2010): Karriereberatung, in: Deutsche Gesellschaft für Supervision (DGSv) (Hrsg.): Kernkompetenz: Supervision, S. 21.

Reflexivität genügt und vorbildliche fachliche Beratungsstandards setzt, hat *Kornelia Rappe-Giesecke* mit ihrer „triadischen Karriereberatung" vorgelegt.[84] Karriereberatung spielt im arbeitspolitischen Feld eine Rolle z.b. bei der Karriereplanung von Betriebsräten in Richtung auf die Übernahme von Führungsfunktionen – Personalleitung, Geschäftsführung, Arbeitsdirektor etc.[85] und bei der Frage, ob ambitionierte Fach- und Führungskräfte für ein Engagement in den Interessenvertretungen gewonnen werden können.[86] Entwicklungswünsche von Betriebsräten/Gewerkschaftern werden aber auch in Supervisionen und in Coachings bearbeitet.

2.8. *Teambildung mit Betriebsratsgremien*

Teambildung mit Gremien von Arbeitnehmervertretungen findet gegenwärtig unter turbulenten ökonomischen und psycho-sozialen Bedingungen sowie den oben skizzierten Veränderungen der Betriebsratsrolle statt. Gremien der betrieblichen Interessenvertretung, die vor Jahren noch einen Schwerpunkt ihrer Arbeit darauf legen konnten, für die Einhaltung gesetzlicher Bedingungen und – in enger Verbindung mit den Gewerkschaften – für die Verbesserung finanzieller, arbeitsorganisatorischer und sozialer Standards in den Betrieben zu sorgen, sind heute einbezogen in umfassende Reorganisations- und Rationalisierungsmaßnahmen. Sie beschäftigen sich einerseits mit der Verhinderung von Personalabbau, mit Ausgründungen, prekären Arbeitsverhältnissen und der Umsetzung von Sparmaßnahmen und andererseits mit der Entwicklung von ‚intelligenten' und innovativen betriebsnahen Lösungen.

---

[84] Vgl. Rappe-Giesecke, K. (2008): Triadische Karriereberatung.
[85] Vgl. Balkenhol, C. (2009): Ende ohne Schrecken - Entwicklungsmöglichkeiten nach Beendigung des BR-Mandats, in: Arbeitsrecht im Betrieb, Heft 10; Fiedler-Winter, R. (2003): Gestern Betriebsrat – heute Manager, in: Der Arbeitgeber, Heft 9.
[86] Vgl. Kotthoff, H. (2004): Ein Studium für Betriebsräte, in: Mitbestimmung, Heft 9.

Gremien der betrieblichen Interessenvertretung unterscheiden sich von Fachteams oder betrieblichen Abteilungen dadurch, dass ihre Mitglieder von den Beschäftigten gewählt werden. Meist sitzt nach der Wahl eine recht bunt zusammengesetzte ‚Gruppe' am Tisch der „konstituierenden Sitzung", eine Gruppe, die keine Personalabteilung und auch kein Projekt- oder Abteilungsgleiter nach bestimmten fachlichen und/oder persönlichen Kriterien aufgabenbezogen ausgesucht hat. Diese wählt ihren Vorsitzenden und dessen Stellvertreter und legt – ab einer bestimmten Betriebsgröße – fest, wer für die Tätigkeit als Arbeitnehmervertreter von der Arbeit freigestellt wird. Die Aufgaben des Gremiums sind einerseits in den entsprechenden Gesetzen (wesentlich dem Betriebsverfassungsgesetz) geregelt, die Ziele, Visionen und konkreten Tätigkeiten ergeben sich jedoch ebenso sehr (und zunehmend mehr) aus den je konkreten betrieblichen Gegebenheiten und Themenstellungen und nicht zuletzt aus dem eigenen Selbstverständnis.

Die Anliegen für Teambildung können ganz unterschiedlich sein: Nach der alle vier Jahre stattfindenden Wahl steht die Frage an, welche Ziele man in den kommenden Jahren angehen möchte, welche Prioritäten man hierbei setzen will und welche arbeitsteilige Struktur hierfür günstig erscheint. Manchmal sind es akute Konflikte im Gremium, die man aus eigener Kraft nicht zu bewältigen weiß und die im geschützten Rahmen eines moderierten Workshops mal in Ruhe betrachtet und besprochen werden sollen und – so auf allen Seiten die Bereitschaft dazu da ist – auch ein Stück weit gelöst werden können. Mal geht es um rivalisierende Gruppierungen im Gremium, mal um die Vorbereitung einer Klausur mit der Geschäftsleitung, immer wieder auch um die Frage, wie man die alltägliche Betriebsratsarbeit effektiver und zufriedenstellender gestalten kann. Häufig möchte die oder der Vorsitzende ein Feedback über ihren/seinen ‚Führungsstil' und ihrerseits/seinerseits Erwartungen an die anderen Gremienmitglieder formulieren.[87]

Ausgangspunkt der Teamentwicklung ist die Einsicht, dass Entwicklungsprozesse von Teams auf drei Ebenen ablaufen: einer sach- und zielorientierten:

- Welche Interessen und Visionen haben wir?
- Welche Ziele und Strategien verfolgen wir?
- Welche Aufgaben stellen sich uns?
- Welchen Themen wenden wir uns zu? usw.,

einer strukturellen:

- Welche Positionen und Rollen gibt es im BR?
- Welche Zuständig- und Verantwortlichkeiten?
- Welche Formen geben wir uns, um sowohl gemeinsam als auch arbeitsteilig unsere Arbeit zu organisieren?

Und last but not least einer emotionellen, beziehungsorientierten:

- Wie läuft bei uns die Verständigung?
- Wie klappt die Zusammenarbeit?
- Wie ist die Atmosphäre im Gremium?
- Welche Vorstellungen und Bilder haben wir voneinander?
- Welche manifesten oder latenten Konflikte behindern die effektive und zufriedene Zusammenarbeit?

Ziel der Teambildung ist es, einen Ort zu schaffen für die Entwicklung der Gruppe auf all diesen Ebenen und damit die Gremien bei ihrer Selbststeuerungsfähigkeit zu unterstützen. Teambildung kann als eine

---

[87] Zur spezifischen Rolle von Betriebsratsvorsitzenden als paradoxe Führungskräfte vgl. Tietel, E. (2007): Betriebsratsvorsitzende als paradoxe Führungskräfte, in: Haubl/Daser (Hrsg.) (2007): Macht und Psyche in Organisationen.

Möglichkeit verstanden werden, Gremien der betrieblichen Interessenvertretung bei der Bewältigung ihrer Teamdynamik und bei ihrer Professionalisierung beizustehen.[88]

---

[88] Vgl. Tietel, E. (2010): Teambildung mit Betriebsratsgremien, in: Tietel, E./Kunkel, R. (Hrsg.): Reflexiv-strategische Beratung für Interessenvertreter.

3. Ausblick

In diesem Aufsatz haben wir die Ergänzung der Fachberatungspraxis durch die Kompetenz der reflexiven Beratungsformen skizziert. An vielen Stellen ist jedoch implizit schon angeklungen, dass für eine dem arbeitspolitischen Feld angemessene Beratungsform das ‚Reflexive' noch um das ‚Strategische' erweitert werden muss, was sich zu dem Begriff der reflexiv-strategischen Beratung verdichten lässt. An dieser Stelle können wir nur Fragen zu dieser Dimension skizzieren: Wie kann Beratung dabei unterstützen, dass Zukunft vergegenwärtigt werden kann, dass Anforderungen aus der Perspektive verschiedener Zeithorizonte präsent sind, wie kann Handlungsenergie aus der Abwehr von Bedrohungen und dem Nutzen von Chancen gezogen werden. Diesbezüglich möchten wir auf unser vor kurzem erschienenes Buch verweisen: Tietel/Kunkel (Hrsg) (2011): Reflexiv-strategische Beratung. Gewerkschaften und betriebliche Interessenvertretungen professionell begleiten. Wiesbaden: VS Verlag für Sozialwissenschaften.

Literatur

Argyris, C. (1993): Defensive Routinen, in: Gerhard Fatzer (Hrsg.): Organisationsentwicklung für die Zukunft, Köln, S. 179-226.

Balkenhol, C. (2009): Ende ohne Schrecken - Entwicklungsmöglichkeiten nach Beendigung des BR-Mandats, in: Arbeitsrecht im Betrieb, Heft 10, S. 574-577.

Beck, U./**Bonß**, W./**Lau**, C. (2004): Entgrenzung erzwingt Entscheidung: Was ist neu an der Theorie reflexiver Modernisierung?, in: Beck, U./Lau, C. (Hrsg.): Entgrenzung und Entscheidung, Frankfurt/M., S. 13-62.

Becke, G. (2005): Überlebensfähigkeit durch radikalen Unternehmenswandel – Balanceakt zwischen Veränderungsdynamik und reproduktiver Stabilität, Universität Bremen, Forschungszentrum Nachhaltigkeit (artec), artec-paper Nr. 215, August.

Besemer, C. (2009): Die Kunst der Vermittlung in Konflikten", Karlsruhe, Gewaltfrei Leben Lernen e.V.

Boes, A. (2004): Die wundersame Neubelebung eines vermeintlichen Auslaufmodells - IT-Beschäftigte und Mitbestimmung nach dem Ende des New Economy-Hypes, München, ISF, Arbeitspapier des Projekts ARB-IT2.

Buggeln, U./**Reinken**, D. (2010): Reflexionen zum partizipativen Organisationsentwicklungsprojekt der IG Metall Verwaltungsstelle Bremen – ein Praxisbericht, in: Tietel, E./Kunkel, R. (Hrsg.): Reflexiv-strategische Beratung in der Interessenvertretung, Wiesbaden.

Busse, S. (2009): Lernen am Fall Erkenntnis in der Beratung, in: Zeitschrift Supervision, Heft 1, S. 8-16.

Drott, M. (2010): FAIR – Erfahrungen mit dem partizipativen Projekt zur Sanierung einer Klinik aus Sicht des Betriebsrats, in: Zeitschrift Supervision, Heft 1, S. 26-30.

Ehmer, S. (2004): Dialog in Organisationen, Kassel.

Fiedler-Winter, R. (2003): Gestern Betriebsrat – heute Manager, in: Der Arbeitgeber, Heft 9, S. 16-17.

Hausinger, B. (2010): Supervision, in: Deutsche Gesellschaft für Supervision (DGSv) (Hrsg.): Kernkompetenz: Supervision, Düsseldorf, S. 43-48.

Heidling, E./**Deiß**, M./**Meil**, P./**Schmierl**, K. (2004): Restrukturierung nationaler Interessenvertretung, in: Beck, U./Lau, C. (Hrsg.): Entgrenzung und Entscheidung, Frankfurt/M., S. 360-383.

Heintel, P./**Falk**, G. (2003): Personalumbau: Wirtschaftsmediation am Beispiel eines Bankenkonfliktes, in: Pühl, H. (Hrsg.): Mediation in Organisationen, Berlin, S. 32-63.

Herzer, H./Schroth, J. (2010): Anforderungen an reflexiv-strategische Beratung - Interview mit Hans Herzer und Jochen Schroth, in: Tietel, E./Kunkel, R. (Hrsg.): Reflexiv-strategische Beratung für Interessenvertreter, Wiesbaden.

Hexel, D. (2008): Ist Supervision in Gewerkschaften und für Betriebsräte nötig?, in: Zeitschrift Supervision, Heft 1, S. 3-5.

IG Metall (Hrsg.) (2000): Bildung und Beratung im Bereich Prozessbegleitung, Projektmanagement, Teamentwicklung, Konfliktberatung, Supervision und Coaching, hrsg. vom Vorstand der IG Metall, Abteilung Bildung/Bildungspolitik, Redaktion Hans Herzer, Frankfurt.

Knapp, P./**Novak**, A. (2003): Betriebsrat und Unternehmensleitung - Zusammentreffen unterschiedlicher Kulturen in Unternehmen, in: Pühl, H. (Hrsg.): Mediation in Organisationen, Berlin, S. 20-31.

Kotthoff, H. (2004): Ein Studium für Betriebsräte, in: Mitbestimmung, Heft 9, S. 16-19.

Kost, K. (Hrsg) (2008): Beratung anders, Marburg.

Kunkel, R. (2006): Betriebsräte und Konfliktpartnerschaft, in: Edding, C./Kraus, W. (Hrsg.): Ist der Gruppe noch zu helfen? Gruppendynamik und Individualisierung, Opladen, S. 145–168.

Kunkel, R./**van Kaldenkerken**, C. (2006): Erfahrungen aus der Mediation für die Unternehmensberatung, in: Bamberg, E./Schmidt, J./Hänel, K.: Beratung – Counseling – Consulting, Göttingen, S. 281–303.

Kunkel, R./**van Kaldenkerken**, C./**Legler**, S. (2010): Konfliktfähiger werden: Unterstützung bei Machtkämpfen, in: Tietel, E./Kunkel, R. (Hrsg.): Reflexiv-strategische Beratung für Interessenvertreter, Wiesbaden.

Loos, W. (2010): Organisationsberatung, in: Deutsche Gesellschaft für Supervision (DGSv) (Hrsg.): Kernkompetenz: Supervision, Düsseldorf, S. 9-11.

Moldaschl, M. (2001): Reflexive Beratung - Eine Alternative zu strategischen und systemischen Ansätzen, in: Degele, N./Münch, T./Pongratz, H./Saam, N. (Hrsg.): Soziologische Beratungsforschung - Perspektiven für Theorie und Praxis der Organisationsberatung, Opladen, S. 133-157.

Niedenhoff, H.-U. (2008): Der Betriebsrat als Produktionsfaktor, in: Benthin/Brinkmann (Hrsg.) (2008): Unternehmenskultur und Mitbestimmung, Frankfurt/M. u. New York, S. 329-355.

Pöter, B. (2010): Coaching-Gruppen für Betriebsratsmitglieder: Zu Anlässen und Arbeitsweisen in der aktuellen Situation von Betriebsräten, in: Tietel, E./Kunkel, R. (Hrsg.): Reflexiv-strategische Beratung für Interessenvertreter, Wiesbaden.

Pongratz, H. (2010): Reflexive Beratung und gewerkschaftliche Interessenvertretung: Hindernisse und Chancen, in: Tietel, E./Kunkel, R. (Hrsg.): Reflexiv-strategische Beratung für Interessenvertreter, Wiesbaden.

Rappe-Giesecke, K. (2003): Supervision für Gruppen und Teams, 3. Auflage, Heidelberg.

Rappe-Giesecke, K. (2008): Triadische Karriereberatung, Bergisch-Gladbach.

Rappe-Giesecke, K. (2010): Karriereberatung, in: Deutsche Gesellschaft für Supervision (DGSv) (Hrsg.): Kernkompetenz: Supervision, Düsseldorf, S. 21-26.

Schmidt, R./**Trinczek**, R. (1999): Der Betriebsrat als Akteur der industriellen Beziehungen, in: Müller-Jentsch, W. (Hrsg.): Konfliktpartnerschaft, 3. Auflage, München und Mering, S. 103-128.

Tietel, E. (2003): Emotion und Anerkennung in Organisationen, 2. Auflage, Münster.

Tietel, E. (2006): Konfrontation – Kooperation – Solidarität - Betriebsräte in der sozialen und emotionalen Zwickmühle, 2. Auflage, Berlin.

Tietel, E. (2006): Wiedergewinnung des inneren Spielraums und der gedanklichen Bewegungsfreiheit: Team-Coaching für Vorsitzende von Arbeitnehmervertretungen, in: Arbeit und Politik - Mitteilungsblatt der Akademie für Arbeit und Politik der Universität Bremen, 18. Jg. Nr. 31/32. 61-64 (siehe: http://www.aap.uni-bremen.de/ccm/cms-service/stream/asset/?asset_id= 151058).

Tietel, E. (2007): Betriebsratsvorsitzende als paradoxe Führungskräfte, in: Haubl/ Daser (Hrsg.) (2007): Macht und Psyche in Organisationen, Göttingen und Zürich, S. 279-319.

Tietel, E. (2009): Der Betriebsrat als Partner des Beraters in Reorganisationsprozessen, in: Leithäuser, T./Meyerhuber, S./Schottmayer, M. (Hrsg.): Sozialpsychologisches Organisationsverstehen, Wiesbaden, S. 265-298.

Tietel, E. (2010): Teambildung mit Betriebsratsgremien, in: Tietel, E./Kunkel, R. (Hrsg.): Reflexiv-strategische Beratung für Interessenvertreter, Wiesbaden.

Voß, G./**Egbringhoff**, J. (2004): Der Arbeitskraftunternehmer - Ein neuer Basistyp von Arbeitskraft stellt neue Anforderungen an die Betriebe und an die Beratung, in: Supervision, Heft 3/2004, S. 19-27.

Weiß, K. (2008): Orientierung – Supervision und Coaching mit Gewerkschaftsmitarbeitenden, in: Zeitschrift Supervision, Heft 1, S. 25-30.

Wetzel, D. (2008): Perspektiven der arbeitsorientierten Beratung – Neue Handlungsfelder aus Sicht der Gewerkschaften, in: Kost, K. (Hrsg.): Beratung anders - Consulting für Betriebsräte und Gewerkschaften, Marburg, S. 28-47.

Zeitschrift Supervision (2008): Themenheft „Betriebspolitik und Supervision", Heft 1.

Internetquellen:

http://www.dgb-index-gute-arbeit.de/
http:// www.dgsv.de
http://gerecht-geht-anders.de/staedte-in-not
http://www.igmetall.de/cps/rde/xchg/internet/style.xsl/ view_2502.htm
Zeitschrift Einblick (2008):
http://www.einblick.dgb.de/aktuelles/dossier/org/index_html.

Arbeitsrechtliche Beratung bei Mobbing
Thomas Weiss

1. Mobbing: Einführung in die Problematik

1.1. Mobbing im allgemeinen Sprachgebrauch

Wenn es Ärger im Betrieb gibt, ist schnell von Mobbing die Rede. Aber: Nicht überall ist Mobbing drin, wo Mobbing draufsteht, könnte man schon am Anfang formulieren.[89]

Bei dem Begriff handelt es sich um eine moderne Wortschöpfung, die auf das englische Wort „mob" (als Verb: jemand anpöbeln, angreifen, attackieren; als Substantiv: Pöbel, Gesindel, Bande) zurückgeführt wird.[90] Die Gesellschaft gegen psychosozialen Stress und Mobbing (GpsM) e. V. versteht unter Mobbing „eine konfliktbelastete Kommunikation am Arbeitsplatz unter Kollegen oder zwischen Vorgesetzten und Untergebenen, bei der die angegriffene Person unterlegen ist und von einer oder mehreren anderen Personen systematisch und während längerer Zeit direkt oder indirekt angegriffen wird, mit dem Ziel und/oder dem Effekt des Ausstoßes und die angegriffene Person dies als Diskriminierung erlebt."[91]

Mobbing geschieht vor allem in „Zwangsgemeinschaften", wie in der Arbeitswelt, aber auch in Schule, Ausbildungseinrichtungen und anderen Institutionen, denn diese Bereiche können nicht ohne weiteres verlassen werden. In freiwilligen Zusammenschlüssen, beispielsweise Sportvereinen oder Freizeitclubs, kommt es eher nicht zum Mobbing,

---

[89] Vgl. Kerst-Würkner, B. (2001): Das schleichende Gift „Mobbing" und die Gegenarznei, in: Arbeit und Recht, Heft 7, S. 251.
[90] Vgl. Leymann, H. (1993): Mobbing: Psychoterror am Arbeitsplatz und wie man sich dagegen wehren kann.
[91] Vgl. http://www.dgb.de/themen/mobbing_01.htm.

ganz einfach deshalb, weil derjenige, der sich nicht akzeptiert fühlt, sich einen anderen Verein oder ein anderes Hobby suchen kann.[92]

Wird Mobbing am Arbeitsplatz nicht von Kollegen, sondern von Vorgesetzten betrieben, nennt man dies „Bossing", wird es gegenüber Vorgesetzten oder Chefs vorgenommen, wird man dies gelegentlich als „Staffing" bezeichnen.[93]

Ein Streit unter Kollegen, eine Schikane des Vorgesetzten oder die unverschämte Bemerkung eines Mitarbeiters wird aber meist viel zu schnell bereits als Mobbing bezeichnet. Mobbing ist aber etwas anderes als die alltäglichen Konflikte und Streitereien. So sind einmalige Vorfälle kein Mobbing. Und man kann auch nicht von Mobbing sprechen, wenn zwei etwa gleichstarke Parteien in Konflikt geraten. Deshalb hat *Heinz Leymann*, sozusagen der Entdecker des Mobbing, immer auf zwei Gesichtspunkte hingewiesen, nämlich die mehrmaligen systematischen Anfeindungen und dies über einen Zeitraum von mehr als sechs Monaten.[94]

Nach einer Untersuchung im Auftrag der Bundesanstalt für Arbeitsschutz und Arbeitsmedizin, dem sog. Mobbing-Report 2003, werden in der Bundesrepublik bei ca. 37 Millionen Erwerbstätigen etwa eine Million Personen gemobbt.[95] Nimmt man alle Erkenntnisse zusammen, soll inzwischen jeder 9. Arbeitnehmer im Laufe seines Arbeitslebens schon mindestens einmal gemobbt worden sein.[96]

---

[92] Vgl. http://www.dgb.de/themen/mobbing_01.htm.
[93] Vgl. Schaub, G. (2009): Arbeitsrechts-Handbuch, S. 239, Rz 43 a.
[94] Vgl. http://www.dgb.de/themen/mobbing/mobbing_04.htm.
[95] Vgl. Meschkutat, B./Stackelbeck, M./Langenhoff, G. (2002): Der Mobbing-Report (Kurzfassung), S. 2; vgl. auch:
http://www.dgb.de/themen/mobbing/mobbing.htm.
[96] Vgl. Meschkutat, B./Stackelbeck, M./Langenhoff, G. (2002): Der Mobbing-Report (Kurzfassung), S. 2f.

1.2. Mobbing im Arbeitsrecht

Solche Verhaltensweisen haben Auswirkungen auf das Arbeitsrecht und von den Arbeitsgerichten wird eine Zunahme solcher Erscheinungsformen registriert. Allerdings ist auch hier festzustellen, dass unter Arbeitnehmern eine inflationäre Bezugnahme auf den Begriff vorgenommen wird. Dies ist für die arbeitsrechtliche Beratung umso schwieriger als es rechtlich ohnehin ein Problem ist, den an sich sozialen Konflikttypus „Mobbing" mit rechtlich handhabbaren Begrifflichkeiten zu erfassen.[97] 2001 hat das Landesarbeitsgericht Thüringen sich als erstes Arbeitsgericht umfassend mit Mobbing befasst und eine Definition versucht, die aber noch umfangreicher als die zuvor zitierte ist und damit auch nur partiell übereinstimmt.[98] Sie erhält zudem z. T. neue unklare Begrifflichkeiten und stieß deshalb auf Kritik. Immerhin hat sie das Bewusstsein in der Arbeitsgerichtsbarkeit geschärft, und heute ist Mobbing ein selbstverständliches Thema auch beim höchsten deutschen Arbeitsgericht, dem Bundesarbeitsgericht in Erfurt. Dieses betont in einer neueren Entscheidung, dass Mobbing jedoch nach wie vor kein Rechtsbegriff ist und auch keine Anspruchsgrundlage für Ansprüche gegen den Arbeitgeber oder gegen Vorgesetzte bzw. einen oder mehrere Arbeitskollegen sein kann.[99] Es verweist sogar darauf, dass sich deshalb im Ergebnis eine rechtlich relevante Definition des Begriffes erübrigt, weil ein Arbeitnehmer jeweils konkrete Ansprüche geltend machen muss. Diese müssen im Einzelnen geprüft werden und dabei kommt es auch beim Mobbing vor allem darauf an, ob ein Recht

---

[97] Vgl. Schaub, G. (2009): Arbeitsrechts-Handbuch, S. 239, Rz 43 a.
[98] Vgl. LAG Thüringen, 15.02.2001 (Az. 5 Sa 102/2000); Arbeit und Recht (2002), S. 226ff.
[99] Vgl. BAG 25.10.2007, Arbeitsrechtliche Praxis (AP) Nr. 6 zu § 611 BGB Mobbing, Rz 56.

des Arbeitnehmers, ein Schutzgesetz verletzt oder eine sittenwidrig vorsätzliche Schädigung begangen wurde.[100]

Allerdings wird auch im Arbeitsrecht und durch das Bundesarbeitsgericht anerkannt, dass es Fälle gibt, in denen die einzelnen vom Arbeitnehmer dargelegten Handlungen oder Verhaltensweisen für sich allein betrachtet noch keine Rechtsverletzung darstellen; die Gesamtschau der einzelnen Handlungen oder Verhaltensweisen jedoch der ihnen zugrunde liegenden Systematik und Zielrichtung zu einer Beeinträchtigung geschützter Rechte des Arbeitnehmers führt.[101]

Um den sozialen Tatbestand arbeitsrechtlich in den Griff zu kriegen, wird zudem seit Inkrafttreten des Allgemeinen Gleichbehandlungsgesetzes (AGG) 2006 durch das Bundesarbeitsgericht Bezug auf den dort geregelten Begriff der „Belästigung" genommen.[102] Danach ist eine solche Belästigung gegeben, wenn unerwünschte Verhaltensweisen, die mit den im AGG genannten Gründen in Zusammenhang stehen, bezwecken oder bewirken, dass die Würde der betreffenden Person verletzt und ein von Einschüchterungen, Anfeindungen, Erniedrigungen, Entwürdigungen oder Beleidigungen gekennzeichnetes Umfeld geschaffen wird. Mit dieser Definition des Begriffes 'Belästigung' hat der Gesetzgeber letztlich auch den Begriff des ‚Mobbing' umschrieben, soweit dieses seine Ursachen in ‚den Gründen des AGG hat' (so ausdrücklich das Bundesarbeitsgericht 2007).[103]

Der umschriebene Begriff kann nach Ansicht des Bundesarbeitsgerichts auf alle Fälle der Benachteiligung eines Arbeitnehmers – gleich

---

[100] Vgl. BAG 25.10.2007, Arbeitsrechtliche Praxis (AP) Nr. 6 zu § 611 BGB Mobbing, Rz 56.
[101] Vgl. BAG 25.10.2007, Arbeitsrechtliche Praxis (AP) Nr. 6 zu § 611 BGB Mobbing, Rz 55. und v. 16.05.2007, AP Nr. 5 zu § 611 BGB Mobbing.
[102] Vgl. BAG 25.10.2007, Arbeitsrechtliche Praxis (AP) Nr. 6 zu § 611 BGB Mobbing, Rz 55. und v. 16.05.2007, AP Nr. 5 zu § 611 BGB Mobbing.
[103] Vgl. BAG 25.10.2007, Arbeitsrechtliche Praxis (AP) Nr. 6 zu § 611 BGB Mobbing, Rz 58.

aus welchen Gründen – übertragen werden. „Wesensmerkmal der als ‚Mobbing' bezeichneten Form der Rechtsverletzung des Arbeitnehmers ist damit die systematische, sich aus vielen einzelnen Handlungen/Verhaltensweisen zusammensetzende Verletzung, wobei den einzelnen Handlungen oder Verhaltensweisen für sich allein betrachtet oft keine rechtliche Bedeutung zukommt."[104]

Arbeitsrechtlich relevant wird Mobbing daher erst, wenn drei Voraussetzungen erfüllt sind:

1) Vorliegen des sog. Mobbing-Sachverhaltes (also mehrere Anfeindungen, Schikanen, Diskriminierungen, die systematisch erfolgen, um Betroffene zu belästigen, herabzuwürdigen usw.),

2) dadurch rechtswidrige und schuldhafte Pflichtverletzung des Mobbers und

3) die Verletzung von Rechten bzw. Rechtsgütern des Betroffenen.[105]

Die arbeitsrechtliche Rechtsprechung kennt – im Unterschied zur Sozialwissenschaft – dabei keine typischen Mobbing-Handlungen. Jede Handlung oder Maßnahme kann dafür an sich geeignet sein. Aber Achtung: Selbst wenn der Arbeitgeber bzw. Vorgesetzte mehrere Handlungen bzw. Maßnahmen vornimmt, die einen belästigenden, schikanierenden, herabwürdigenden oder diskriminierenden Charakter haben können und vom Betroffenen als Mobbing empfunden werden, reicht dieses allein noch nicht aus, um einen juristisch relevanten Mobbing-Vorwurf begründen zu können. Denn Konflikte mit Arbeitgeber und Vorgesetzten sind im Arbeitsleben nicht untypisch und kaum vermeidbar. Und natürlich sind z. B. schlechte Beurteilungen he-

---

[104] Vgl. BAG 25.10.2007, Arbeitsrechtliche Praxis (AP) Nr. 6 zu § 611 BGB Mobbing, Rz 59.
[105] Vgl. Schaub, G. (2009): Arbeitsrechts-Handbuch, S. 239f; BAG v. 24.04.2008, Der Betrieb (2008), S. 2.086f.

rabwürdigend und Kritik am Aussehen von Mitarbeitern Eingriffe in das Persönlichkeitsrecht. Ein rechtlich relevanter Vorwurf liegt aber erst dann vor, wenn subjektiv mit der Absicht gehandelt wird, den Betroffenen zu belästigen, zu schikanieren, herabzuwürdigen, anzufeinden oder zu diskriminieren, um dadurch das Persönlichkeitsrecht und/oder die Gesundheit des Betroffenen zu beeinträchtigen bzw. zu verletzen. Dann kommt es auch nicht darauf an, ob die Handlungen bzw. Maßnahmen an sich zulässig sind, etwa eine Abmahnung, negative Beurteilung, Versetzung oder ähnliches, wenn von vornherein diese an sich zulässige Maßnahme nicht mit vertretbaren Gründen ausgewählt wurde. Letztlich muss also für die einzelne Maßnahme/Handlung ein sachlich nachvollziehbarer Grund zur Rechtfertigung gegeben sein.[106]

1.3. Der typische Verlauf des Mobbings

Während in der sozialwissenschaftlichen Forschung und im bereits erwähnten Mobbing-Report keine typischen Mobbing-Opfer identifiziert werden konnten – es kann sozusagen jeden treffen –, ist der Ablauf eines Mobbing-Prozesses gut erkennbar. In der Regel vollzieht sich dieser in vier Phasen:[107]

In der Phase 1 entsteht ein Konflikt. Er bleibt ungelöst und es kommt zu erster Schuldzuweisung und vereinzelt zu persönlichen Angriffen. Im Laufe der Entwicklung tritt der ursprüngliche Konflikt immer mehr in den Hintergrund und aus dem sachlichen Problem wird eine persönliche Auseinandersetzung.

In der Phase 2 beginnt der Psychoterror im engeren Sinn. Nun ist es die Person selbst, die zur Zielscheibe wird. Damit einher gehen ein Verlust des Selbstwertgefühls sowie Isolation und Ausgrenzung. Mobbing-

---

[106] Vgl. Schaub, G. (2009): Arbeitsrechts-Handbuch, S. 240, Rz 43 b.
[107] Vgl. http://www.dgb.de/themen/mobbing/mobbing_02.htm.

Opfer verändern sich stark: sie werden mürrisch, unfreundlich, misstrauisch und vielleicht sogar aggressiv.

Darauf folgt die Phase 3, in der erste arbeitsrechtliche Maßnahmen beginnen. Die gemobbte Person ist stark verunsichert, kann sich nicht mehr konzentrieren, macht Fehler. Aufgrund der gesundheitlichen Beeinträchtigung kommt es zu mehr Fehltagen, so dass selbst Vorgesetzte, die bislang neutral waren, reagieren. Das aufgetretene Fehlverhalten wird gerügt und die Folgen sind arbeitsrechtliche Sanktionen wie Abmahnung, Versetzung und Androhung der Kündigung.

In der Phase 4 erfolgt dann der Ausschluss des Beschäftigten aus der Betriebsgemeinschaft. Entweder kündigen die Betroffenen selbst, weil sie es nicht mehr aushalten, oder sie werden vom Arbeitgeber entlassen. Das Ziel des Mobbings ist erreicht.

2. Hinweise zu den Grundlagen arbeitsrechtlicher Beratung und Interessenvertretung

2.1. Die Klienten und die Anfragen

Die Beratung wird zunächst von Betroffenen gesucht. Dies sind sowohl die Opfer als auch die Täter. Erstere dann, wenn sie es nicht mehr aushalten und innerbetrieblich nicht oder nicht mehr weiterkommen, und/oder wenn arbeitsrechtliche Maßnahmen ihnen gegenüber ergriffen werden. Letztere, wenn ihnen Vorhaltungen als Täter gemacht werden, oder auch sie arbeitsrechtlich sanktioniert werden.

Kommt ein Opfer in den ersten zwei Phasen des Mobbing-Verlaufs, also bevor arbeitsrechtliche Mittel in Rede stehen, geht es vor allem um Information des Rechtssuchenden und um Möglichkeiten der Deeskalation, letztlich also darum, der weiteren Entwicklung Einhalt zu gebieten.

In späteren Phasen des Mobbing-Verlaufs geht es in der Regel um Abwehr von arbeitsrechtlichen Maßnahmen, z. B. eine Abmahnung, aber auch um Kündigung des Arbeitsverhältnisses und Geltendmachung von Schadensersatzansprüchen.

Arbeitgeber kommen, um sich gegen arbeitsrechtliche Ansprüche der Opfer zu wehren oder über Maßnahmen gegen Täter zu informieren.

Es gibt auch Anfragen nach Informationen und Präventionsmaßnahmen, z. B. durch Schulungen der Beschäftigten und Vorgesetzten, oder zur Gestaltung von Regelungen, etwa von Betriebsvereinbarungen. Letzteres ist üblicherweise auch Gegenstand der Beratung von Betriebsräten, Personalräten und Mitarbeitervertretungen, die außerdem nicht selten Informationen über ihre Handlungsmöglichkeiten bedürfen. Dabei kann es dann sowohl um konkrete Sachverhalte als auch um das Thema im Allgemeinen gehen.

2.2. Die Festlegung der Aufgabe des Rechtsanwalts

Ein Anwalt kann demgemäß Informant, Berater und Interessenvertreter sein. Welche Funktion wahrgenommen werden soll, muss deshalb sorgfältig unter Berücksichtigung des Willens und der Fähigkeiten des Mandanten, vor allem beim Mobbing-Opfer, besprochen werden.

Bei einem typischen Einzelmandat eines Mobbing-Opfers wird dies z. B. von der Phase des Konfliktes abhängen. In einem frühen Stadium soll der Anwalt fast immer (noch) nicht nach außen wirken. Hier geht es zunächst um Information, dann zusätzlich um „Rückendeckung" und später erst um Vertretung gegenüber dem Arbeitgeber oder Kollegen. Dazu wird dann im Wesentlichen eine betriebliche Öffentlichkeit hergestellt und/oder vergrößert, etwa durch die Information, dass nun ein Anwalt mit im Spiel ist, und durch Fragen an Betriebsräte, Personalräte, Mitarbeitervertretungen und den Arbeitgeber nach bisherigen Interventionen. In Einzelfällen werden auch Kollegen oder Vorgesetzte als Täter direkt, z. B. durch Aufforderungen zum Unterlassen ggf. mit Strafandrohung, angegangen. Das Hinzuziehen von Angehörigen und/oder weiteren professionellen Helfern ist in der Strategie ebenfalls mit zu berücksichtigen. Dabei stellt sich dann auch schnell heraus, ob das Angehen der sozialen Probleme mit arbeitsrechtlichen Mitteln wirklich dem Interesse des jeweiligen Klienten entspricht oder der Anwalt nur deshalb aufgesucht wird, weil der Klient an andere professionelle Helfer nicht gedacht hat.

3. Die arbeitsrechtlichen Interventionsmöglichkeiten im Überblick

3.1. Die rechtliche Ausgangslage

Mobbing ist, wie gezeigt, arbeitsrechtlich zwar nicht genau definiert gleichwohl aber verboten. Es ist als Eingriff in das durch Artikel 1 und 2 des Grundgesetzes geschützte allgemeine Persönlichkeitsrecht, die Ehre und die Gesundheit anzusehen. Die als Mobbing bezeichneten Verhaltensweisen können auch strafbar sein, z. B. in Form der Körperverletzung oder Beleidigung.[108]

Dem Arbeitgeber obliegt der Schutz des Persönlichkeitsrechts und der sonstigen Rechtspositionen wie Gesundheit und Ehre des Arbeitnehmers. Er ist also verpflichtet, seine Betriebs- und/oder Arbeitsstrukturen so zu organisieren, dass seine Arbeitnehmer nicht gemobbt werden. Selbstverständlich ist ihm auch selbst untersagt, zu mobben. Erlangt er Kenntnis von solchen Vorfällen, so muss er Abhilfe schaffen.[109]

Deshalb ist für ein Mobbing-Opfer und seinen Rechtsvertreter der Arbeitgeber der vorrangige Ansprechpartner.

Die Rechte eines Mobbing-Opfers sind im Wesentlichen:

- Beschwerde und Abhilferechte,
- Leistungsverweigerungsrechte,
- Unterlassungsansprüche,
- Abwehrrechte gegen ungerechtfertigte Sanktionen und
- Schadensersatz- und Schmerzensgeldansprüche.

Hinzu kommen evtl. strafrechtliche Möglichkeiten.

Damit hat ein Arbeitnehmer inzwischen deutlich mehr arbeitsrechtlich anerkannte Möglichkeiten, als dies noch vor ein paar Jahren der Fall

---

[108] Vgl. Schaub, G. (2009): Arbeitsrechts-Handbuch, S. 240, Rz 43 b.
[109] Vgl. Schaub, G. (2009): Arbeitsrechts-Handbuch, S. 240, Rz 43 d.

war und das wiederum führt dazu, dass bereits der Hinweis darauf gerichtliche Verfahren z. T. überflüssig macht. Deshalb wird üblicherweise zunächst der vor- oder außergerichtliche Weg gewählt.

3.2. *Die außer- und vorgerichtlichen Möglichkeiten im Arbeitsrecht*

Ein betroffener Arbeitnehmer kann sich zunächst bei dem Arbeitgeber und/oder dem Betriebs- oder Personalrat und ggf. der Gleichstellungsbeauftragten beschweren.[110] Behinderte Menschen können sich auch an die Schwerbehindertenvertretung wenden.

Der Arbeitgeber hat die geeigneten, erforderlichen und angemessenen Maßnahmen zu ergreifen. Handelt es sich um Verstöße nach dem AGG, sind also Ursache oder Grundlage die im AGG geschützten Rechtspositionen, etwa Hautfarbe, Rasse, Geschlecht oder ähnliches, kann das Opfer sich mit seinem Anliegen auch noch an eine nach dem AGG einzurichtende betriebliche Beschwerdestelle wenden.

Durch das sog. Maßregelungsverbot wird verhindert, dass Arbeitgeber ihre Arbeitnehmer bestrafen können, wenn diese die ihnen zur Verfügung stehenden Rechte in Anspruch nehmen.

Wird nicht oder nicht ausreichend durch den Arbeitgeber gegen Mobbing vorgegangen, können Arbeitnehmer die Arbeitsleistung einstellen, ohne den Anspruch auf das Arbeitsentgelt zu verlieren. Voraussetzung für dieses sog. Leistungsverweigerungsrecht ist jedoch, dass der Arbeitgeber auf die Vertragsverletzung hingewiesen und ihm eine angemessene Frist zur Abhilfe eingeräumt worden ist.

In besonders schweren Fällen steht den Arbeitnehmern auch das Recht zu, das Arbeitsverhältnis außerordentlich zu kündigen, wenn sie den Arbeitgeber zuvor erfolglos aufgefordert haben, das Mobbing zu unterbinden.

---

[110] Vgl. Schaub, G. (2009): Arbeitsrechts-Handbuch, S. 240, Rz 43 e.

Die betroffenen Arbeitnehmer sind auch berechtigt, von den mobbenden Kollegen/Vorgesetzten oder Arbeitgeber die Unterlassung der Maßnahmen sowie die Beseitigung bereits eingetretener Folgen, beispielsweise durch Widerruf der verletzenden Äußerungen oder die Entfernung von Abmahnungen, die unzutreffend oder beleidigend sind, zu verlangen.[111]

Die betrieblichen Interessenvertretungen haben darüber zu wachen, dass die Arbeitnehmer nicht gemobbt werden und die ggf. erforderlichen Maßnahmen zu ergreifen. Die Rechte gehen soweit, dass in schwerwiegenden Fällen z. B. ein Betriebsrat von dem Arbeitgeber die Versetzung oder Kündigung des mobbenden Kollegen/Vorgesetzten verlangen kann. Bei dem Aufbau und der Organisation von Präventionsmöglichkeiten bestehen ebenso umfangreiche Beteiligungsrechte. Auch hier kann das Vorhaben des Betriebsrates, ggf. unter Einschaltung der Einigungsstelle, zum Teil gegen den Willen des Arbeitgebers durchgesetzt werden.

Nicht unerwähnt bleiben soll auch die Einbeziehung außenstehender Stellen, etwa der Antidiskriminierungsstelle des Bundes. Sie hat ihren Sitz beim Bundesministerium für Familie und soll Anlaufstelle für alle Menschen sein, die sich wegen der im AGG genannten Gründe benachteiligt fühlen. Auch diese Stelle kann aufgrund ihres gesetzlichen Auftrages neben Information und Beratung auf Wunsch von Betroffenen bei einer gütlichen Beilegung mitwirken.

Kommt es nicht zu einer vor- oder außergerichtlichen Klärung und Befriedung, muss der Weg vor dem Arbeitsgericht beschritten werden.

---

[111] Vgl. BAG 25.10.2007, Arbeitsrechtliche Praxis (AP) Nr. 6 zu § 611 BGB Mobbing, Rz 58.

3.3. Die arbeitsgerichtlichen Mittel

Arbeitsgerichtlich hat sich die Situation zugunsten der Mobbing-Opfer in den letzten Jahren deutlich verbessert. Während zunächst durch die Arbeitsgerichte die betrieblichen Situationen nur schwer in den Griff zu kriegen waren,[112] hat sich durch eine inzwischen gefestigte Rechtsprechung auch des Bundesarbeitsgerichts ein ziemlich eindeutiges Szenario ergeben.[113]

Der Arbeitgeber haftet gegenüber dem Opfer nicht nur für eigenes Mobbing, sondern auch für Mobbing seiner Mitarbeiter, wenn er dieses kennt und nicht unterbindet oder seine Betriebs- und Arbeitsstrukturieren nicht so organisiert, dass Mobbing möglichst vermieden wird. Es können Klagen deshalb sowohl gegen den mobbenden Kollegen/Vorgesetzten als auch den Arbeitgeber auf Unterlassung evtl. mit Strafandrohung erhoben werden.

Betroffene können den mobbenden Arbeitskollegen/Vorgesetzten und/oder Arbeitgeber außerdem auf Schadensersatz in Anspruch nehmen. Schadenspositionen können z. B. sein: Arztkosten, Bewerbungskosten und Verdienstausfall wegen Verlust des Arbeitsplatzes. Ebenfalls kann ein Schmerzensgeldanspruch bestehen. Durch das AGG sind insoweit die Pflichten des Arbeitgebers weiter konkretisiert worden, so dass es auch deshalb einfacher für Betroffene ist, nun Schadensersatzansprüche und Schmerzensgeldansprüche geltend machen zu können. Wie bereits am Anfang des Vortrags erwähnt, nimmt das Bundesarbeitsgericht eine Anleihe an diese Vorschriften und wendet sie analog auch auf Beeinträchtigungen an, die nicht auf Gründen des AGG beruhen.

---

[112] Vgl. Ruberg, B. (2002): Mobbing: Überlegungen zu Interventionsmitteln der Arbeitsgerichte, wenn statt der Sache die Person „erledigt" werden soll, in: Arbeit und Recht, Heft 6.
[113] Vgl. zum Nachverfolgen die Entscheidungen des BGG von 2007.

Beim Schmerzensgeld sind ausgeurteilte Summen auch gar nicht so gering. So hat bereits 2002 das Landesarbeitsgericht Rheinland-Pfalz einen Arbeitgeber sowie den unmittelbaren Vorgesetzten zur Zahlung eines Schmerzensgeldes in Höhe von 15.000,00 € verurteilt (Mobbing über einen Zeitraum von sechs Jahren),[114] das Arbeitsgericht Ludwigshafen hatte in der Vorinstanz sogar 51.900,00 DM für berechtigt gehalten. Das Arbeitsgericht Stuttgart hat 2005 einen Arbeitgeber zur Zahlung eines Schmerzensgeldes von 25.000,00 € verurteilt, weil dieser eine Führungskraft zwei Jahre lang mit keinen Aufgaben betraut, persönlich isoliert und organisatorisch ausgegrenzt hatte.[115] Das Bundesarbeitsgericht hat 2007 einem Oberarzt, der von seinem Chefarzt während etwa zwei Jahren mit insgesamt 23 belästigenden, schikanösen und benachteiligenden Einzelmaßnahmen überzogen worden war, gegen den Krankenhausträger einen Anspruch auf billige Entschädigung dem Grunde nach zugesprochen, weil der Vorgesetzte sog. Erfüllungsgehilfe des Arbeitgebers ist und deshalb der Arbeitgeber für dessen Fehlverhalten haftet.[116]

Wenn Arbeitgeber also nicht ordnungsgemäß intervenieren, kann dies teuer werden. Es ist zwar immer noch so, dass der Nachweis des Mobbing im Einzelfall schwierig sein kann. Denn der Betroffene hat die sog. Darlegungs- und Beweislast. Inzwischen billigen die Gerichte aber sog. Beweiserleichterungen den Klägern zu, wenn ausreichende Indizientatsachen für einen Mobbing-Sachverhalt vorliegen.[117]

Hinzu kommt, dass die Arbeitsgerichte inzwischen für diese Problembereich wesentlich besser sensibilisiert sind, als dies bis vor einigen Jahren noch der Fall war. Nicht nur durch die klare Rechtsprechung

---

[114] Vgl. LAG Rheinland-Pfalz, Urteil vom 16.08.2002 (Az. 6 Sa 415/01).
[115] Vgl. ArbG Stuttgart, Urteil vom 30.11.2005 (Az. 2 Ca 8178/04).
[116] Vgl. BAG 25.10.2007.
[117] Vgl. Schaub, G. (2009): Arbeitsrechts-Handbuch, S. 240, Rz 43 f und die zitierten Entscheidungen des BAG.

des Bundesarbeitsgerichts, sondern auch durch die Zunahme solcher Verfahren vor den Arbeitsgerichten steigt das Risiko von Arbeitgebern, die untätig bleiben, auf Verurteilung.

Dazu gehört auch, was weniger bekannt ist, die bereits erwähnte Möglichkeit eines Betriebsrates mit Hilfe des Arbeitsgerichts die Versetzung oder gar Kündigung von Tätern vom Arbeitgeber zu verlangen. Das Arbeitsgericht kann auf Antrag des Betriebsrates den Arbeitgeber dazu verpflichten.[118]

Die Einbeziehung anderer staatlicher Institutionen als die der Gerichte, etwa der Arbeitsschutzbehörden und Unfallversicherungsträger, ist dagegen nach wie vor beschränkt auf den Bereich der Mobbing-Prävention. Die konkrete Abwehr, d. h. die Unterbindung von Mobbing-Handlungen sowie die Lösung von Mobbing-Konflikten, kann von diesen Institutionen nicht übernommen werden, weil das geltende Arbeitsschutz- und Unfallversicherungsrecht hierfür weder entsprechende Kompetenzen noch Ahndungs- und Sanktionsmaßnahmen vorsieht. Diesen Behörden und Institutionen bleibt somit nur, den Betroffenen zu unterstützen und z. B. Beratungsgespräche über die Mobbing-Prävention im Unternehmen zu führen.[119]

3.4. Wirksamkeit und Nutzen arbeitsrechtlicher Beratung und Intervention für die Mobbing-Opfer

Trotz der dargelegten Verbesserungen muss an dieser Stelle leider eingeräumt werden, dass auch mit den vielen Möglichkeiten, die es inzwischen gibt, der Teufelskreis des Mobbings noch immer recht selten durchbrochen werden kann.[120] Nach wie vor kann von dem im Mob-

---

[118] Vgl. § 104 BetrVG.
[119] Vgl. dazu die Handlungsanleitung gegen Mobbing des Länderausschusses für Arbeitsschutz und Sicherheitstechnik: http://lasi.osha.de/docs/lv_34.pdf.
[120] Vgl. Beermann, B./Brennscheidt, F. (2010): Wenn aus Kollegen Feinde werden, S. 29f.

bing-Report 2003 festgestellten Ergebnis ausgegangen werden, dass mehr als 50 % aller Mobbing-Fälle erst durch eine Kündigung bzw. die Auflösung des Arbeitsvertrages mit dem Opfer beendet werden. Und auch eine andere Zahl stimmt nur wenig optimistisch: nur knapp 20 % der Mobber wurden dem Mobbing-Report zu Folge ihrerseits mit arbeitsrechtlichen Sanktionen belegt – ihnen wurde gekündigt bzw. sie wurden versetzt.

Das ist eigentlich unverständlich, doch muss gerade bei gerichtlichen Verfahren berücksichtigt werden, dass es für die Gerichte nach wie vor strukturelle Grenzen gibt. Zum einen ist festzuhalten, dass Gerichte mit zwischenmenschlichen Konflikten nur dann befasst werden, wenn die Konflikte von den Beteiligten mindestens als (jedenfalls auch) rechtliche Probleme wahrgenommen werden. Zum anderen müssen die Konflikte als Rechtsprobleme artikuliert und den Gerichten auch unterbreitet werden, frei nach dem Motto, wo kein Kläger, da kein Richter.

Auch ist zu berücksichtigen, dass der lange Vorlauf problematisch ist. Soll Mobbing vor Gericht festgestellt werden, so muss der Geschehensverlauf betrachtet werden, um die einzelnen Handlungen und Maßnahmen in ihrer Gesamtheit einschätzen zu können. Am Anfang und in den ersten Phasen des Mobbings geht es dabei um Verhaltensweisen, die vielfach noch nicht als „justitiabel" angesehen werden, und erst später werden dann Maßnahmen ergriffen werden, die auch für jeden Laien ersichtlich gerichtlichen Rechtsschutzes bedürfen. Damit ist gleichzeitig für die Betroffenen ein langer Leidensverlauf gegeben. Wenn dann rechtliche und insbesondere gerichtliche Hilfe in Anspruch genommen wird, ist es meist für eine Fortsetzung des Arbeitsverhältnisses zu spät.

Eine weitere Erklärung mag darin liegen, dass im Laufe eines Mobbing-Geschehens das Opfer selbst sich auch in seinem Verhalten verändert, so dass es nicht nur reines Opfer, sondern partiell auch Täter wird, und dadurch seinerseits den Ausschluss aus der Gruppe der Kollegen faktisch vollzieht. Das kann nach dem langen Zeitablauf kaum wieder rückgängig gemacht werden. Da sich im Nachhinein auch nicht immer eindeutig erkennen lässt, ob und wie das Opfer die Entwicklung verschärft hat, schon wegen Verschleierung der Ursache für die Entwicklung durch die Mobbing-Akteure, bleibt auch immer etwas am Mobbing-Opfer sozusagen „als Mitschuld hängen". Das erschwert eine Fortsetzung des Arbeitsverhältnisses deutlich oder macht sie unmöglich.

Auch gehört es gerade zum Mobbing dazu, alles zu vermeiden, was in einem intakten Arbeitsverhältnis als aufbauend, vertrauensbildend, sachbezogen und kooperativ ganz selbstverständlich praktiziert wird. Probleme mit dem Opfer werden überzeichnet oder notfalls geschaffen und anderen hintertragen. Gerüchte werden in Umlauf gesetzt, den Betroffenen entlastende oder sein Verhalten auch nur begreiflich machende Umständen werden geleugnet oder bei Seite geschoben, naheliegende Handlungsalternativen übergangen und gar nicht erst in Erwägung gezogen. Sachfragen werden zu Personenfragen umgebogen und als Persönlichkeitsdefizite des Betroffenen interpretiert, von ihm benötigte oder doch hilfreiche Informationen zurückgehalten und wenn der Betroffene schließlich „ins offene Messer läuft", so belegt das letztlich seine Unzulänglichkeit, seine „Abschussreife". Aus Sicht des Arbeitgebers ist deshalb ein solch langfristiger Konflikt letztlich nur dadurch zu entschärfen oder gar zu beseitigen, dass personelle Maßnahmen ergriffen werden. Da die Mobbing-Akteure zwar nicht akzeptable Verhaltensweisen an den Tag gelegt haben, allerdings nach wie vor in „ihre" betriebliche Umgebung eingebettet sind, also eben nicht die Außenseiterrolle haben, die die Mobbing-Opfer dann inzwischen erlangt haben, muss entschieden werden, wer geht. Dies wird wegen der oben geschilderten Kriterien deshalb leider in der Regel das Opfer selbst sein und nicht der Täter. Ihm gegenüber wird zwar durchaus zu arbeitsrechtlichen Sanktionen gegriffen, doch hängt es sehr stark von dessen Position und von personellen Alternativen und dem Druck ab, der aus der Belegschaft und deren betrieblicher Interessenvertretung auf den Arbeitgeber ausgeübt wird, ob eine Beendigung des Arbeitsverhältnisses mit dem Mobbing-Täter erfolgen wird. In der Regel wird es wohl bei arbeitsrechtlichen Sanktionen unter Fortführung des Arbeitsverhältnisses bleiben.

Wie kann also die Beratung und Intervention zugunsten von Mobbing-Opfern verbessert werden? Ich denke vor allem durch Verbesserung des betrieblichen Frühwarnsystems. Die Stichworte heißen Prävention und Sensibilisierung.

Wird bereits frühzeitig interveniert, kann eine Entwicklung in der Regel gestoppt werden. Das Opfer ist dann noch nicht in der gefestigten Außenseiterrolle, die Persönlichkeitsveränderungen haben sich noch nicht manifestiert und die Hürden für betriebliche Interventionen sind für Betroffene noch nicht zu hoch, weil ihnen z. B. noch keine gravierenden Fehler angelastet werden (können) und die notwendigen Eingriffe durch den Arbeitgeber noch nicht schwerwiegend sein müssen, wie etwa später eine Kündigung des Täters. Werden zudem Spielregeln, etwa durch eine Betriebsvereinbarung, frühzeitig festgelegt, zeigt jedenfalls die Erfahrung als beratender Anwalt, dass die Eskalationen „in den Griff zu kriegen sind".

Durch das frühzeitige abstrakte Aufgreifen dieses Themas kann zudem dem Arbeitgeber deutlich gemacht werden, dass eine Vermeidung von Mobbing auch in seinem ureigenstem Interesse liegt, was wiederum die Effektivität von Prävention und die Vermeidung oder Verkürzung solcher Erscheinungsformen deutlich befördert. Die Motivation des Arbeitgebers kann dabei durchaus nicht nur durch Vermeidung von Sanktionen, sondern auch durch Zahlen gefördert werden:

Bei Beschäftigten, die gemobbt wurden, zeigen die Erkenntnisse des Mobbing-Reports[121] zu 98,7 % Auswirkungen auf das Arbeits- und Leistungsverhalten (z. B. Demotivation, Misstrauen, Nervosität, Verunsicherungen, usw.). 43,9 % erkrankten in Folge des Mobbings, davon wiederum fast die Hälfte für mehr als sechs Wochen. Für Betriebe lassen sich demnach Kosten in Form von krankheitsbedingten Ausfällen, Qualitäts- und Produktivitätsrückgängen, Produktionsstörungen, Versetzungen, Kosten für Aushilfskräfte, Kündigungen, Neueinstellungen und Einarbeitungen ableiten. Der DGB hat exemplarisch darauf hingewiesen,[122] dass die durchschnittlichen Kosten eines Fehltages ca. 103,00 bis ca. 410,00 € ausmachen und 1 % Krankenstand ein Unternehmen mit ca. 1.000 Mitarbeitern ca. 204.520,00 € jährlich kostet.

Auch die Minderleistung ist betriebswirtschaftlich nicht zu vernachlässigen, weil 27 % der Befragten einer norwegischen Studie nach Erkenntnissen des DGB angaben,[123] dass Mobbing am Arbeitsplatz ihre Effektivität reduziert hat. Eine Untersuchung in Deutschland, auf die der DGB Bezug nimmt, hat ergeben, dass Mobbing-Betroffene zuerst mit erhöhter Leistung reagierten, dann aber, als sie die Sinnlosigkeit ihres Bemühens einsahen, zu Minderleistung übergegangen sind.

Selbst die Kosten der Fluktuation sind erheblich, etwa bei einem Facharbeiter in Höhe von 7.700,00 € oder einer Sekretärin in Höhe von 13.000,00 €. In einer schwedischen Untersuchung wurde nach Erkenntnissen des DGB festgestellt, dass 60 % der „freiwilligen" Austritte aus dem Unternehmen mit Unbehagen oder Schikanen am Arbeitsplatz begründet werden.

Somit ist also nicht nur für potentielle Mobbing-Opfer, sondern auch im betrieblichen Interesse eine frühzeitige Intervention hilfreich, spe-

---

[121] Vgl. Meschkutat, B./Stackelbeck, M./Langenhoff, G. (2002): Der Mobbing-Report (Kurzfassung), S. 3f.
[122] Vgl. http://www.dgb.de/themen/mobbing/mobbing_05.htm.
[123] Vgl. http://www.dgb.de/themen/mobbing/mobbing_05.htm.

ziell wenn sie auf Verhütung oder zumindest Risikominimierung solcher Verhaltensweisen ausgelegt ist.

Allerdings zeigt auch die Erfahrung, dass Unternehmen eher nicht wirklich bereit sind, hier einen offensiven Umgang innerbetrieblich zu ermöglichen. Denn die Existenz von Mobbing assoziiert in den Augen der Personalverantwortlichen Schuld und Versagen in der Personalpolitik und Mitarbeiterführung. Nicht die Akzeptanz und der offene Umgang mit der Problematik, sondern das Negieren und Tabuisieren des Problems sind zwar die eigentlichen zu bearbeitenden Problemfelder, doch ist es schwer deutlich zu machen, dass eine Führungskraft nicht versagt hat, weil in ihrem Verantwortungsbereich ein Mobbing-Fall auftritt, sondern erst dann, wenn sie ihn nicht zur Kenntnis nehmen will und nicht interveniert. Hier muss also die rationale und realistische Sichtweise die „gefühlte" Unzulänglichkeit von Vorgesetzten ersetzen.

4. Fazit

Was lässt sich für unser Thema daraus ableiten?

Effektive arbeitsrechtliche Mobbing-Beratung dient vor allem dann den betroffenen Beschäftigten, wenn Interventionen auch den Unternehmen und Betrieben nützen, und neben den Interessen der Betroffenen sollten deshalb auch die betrieblichen Interessen stets mit im Blick gehalten werden. Dabei kommt den betrieblichen Interessenvertretungen, also den Betriebsräten, Personalräten und Mitarbeitervertretungen, eine besonders bedeutende Rolle zu. Denn sie können zum einen die Stimmungen und damit auch Risikobereiche in den Betrieben besser als andere Akteure frühzeitig aufnehmen und erkennen, mithin die Mobbing begünstigenden betrieblichen Faktoren feststellen. Zum anderen können sie sowohl Beschäftigte als auch Vorgesetzte über die Problematik aufklären und die Sensibilität verstärken sowie den Umgang mit Mobbing mit dem Arbeitgeber regeln.

Die Zukunft der Beratung muss sich also auf die Prävention und in Ergänzung der individuellen Betreuung und wegen der Mitbestimmungs- und Beteiligungsmöglichkeiten der betrieblichen Interessenvertreter auf diese noch stärker konzentrieren. Dem gegenüber hat eine nur individualrechtlich ausgerichtete Beratung und Vertretung wegen der arbeitsrechtlichen Notwendigkeiten, des sich in der Regel lange hinziehenden Zeitraums bis zur Klärung, die zu dem späten Zeitpunkt nicht immer klar zu erkennende ursprüngliche Rollenverteilung auf Täter und Opfer und das Erkennen von Mobbing statt normaler betrieblicher Konflikte keine gleich guten Chancen, zumal eine solche Beratung oder Intervention häufig zu spät und damit unzureichend ist.

Und dann darf schließlich auch ein weiterer Gesichtspunkt nicht übersehen werden:

Wird nämlich durch die Gerichte letztlich der Anspruch des betroffenen Opfers abgewiesen, kommt zu den betrieblichen Erfahrungen noch ein weiterer Leidensschub hinzu, nämlich dass das subjektiv Wahrgenommene nicht etwa durch die Arbeitsgerichte bestätigt wird, sondern sogar noch den Tätern quasi „Recht gegeben" wird.

Eine solche Erfahrung, zumal nach Beendigung eines Arbeitsverhältnisses, stellt dann für die weitere Zukunft der Betroffenen eine äußerst bedenkliche Belastung dar. Schon jetzt ist ein Wiedereingliedern von Mobbing-Opfern in das „normale" Arbeitsleben nach den Erkenntnissen im Mobbing-Report schwierig, wird aber dann nach einer solchen „Abrechnung" in einem Gerichtsverfahren sicher noch schwieriger.

Eine Konfliktvermeidung und -bewältigung im Sinne einer Konfliktberatung und Interessenvertretung ist deshalb dann am besten, wenn ein abgestuftes Konfliktmanagement im Betrieb installiert wird, welches Bausteine/Elemente sowohl individueller/reaktiver als auch kollektiv/präventiver Art enthält. Ansonsten wird es auch zukünftig nur, trotz verbesserter und klarer Anspruchsgrundlagen für die Betroffenen, um die Abwicklung irreparabler Schäden gehen, sozusagen, um die Rechtsfolgen eines sozialen Konflikts. Das nützt den betroffenen Opfern nur in sehr seltenen Fällen, nämlich, wie der Volksmund sagt, wenn ein Ende mit Schrecken besser ist als ein Schrecken ohne Ende.

Literatur

ArbG Stuttgart, Urteil vom 30.11.2005 (Az. 2 Ca 8178/04).
BAG 25.10.2007; Arbeitsrechtliche Praxis (AP) Nr. 6 zu § 611 BGB Mobbing.
BAG v. 24.04.2008.
Beermann, B./**Brennscheidt**, F. (2010): Wenn aus Kollegen Feinde werden, 6. Auflage, Dortmund (als Broschüre verfügbar unter: **www.baua.de**)
Der Betrieb (2008), S. 2086f.
Kerst-Würkner, B. (2001): Das schleichende Gift „Mobbing" und die Gegenarznei, in: Arbeit und Recht, Heft 7, S. 251.
LAG Rheinland-Pfalz, Urteil vom 16.08.2002 (Az. 6 Sa 415/01).
LAG Thüringen, 15.02.2001 (Az. 5 Sa 102/2000).
Leymann, H. (1993): Mobbing: Psychoterror am Arbeitsplatz und wie man sich dagegen wehren kann, Reinbek bei Hamburg.
Meschkutat, B./**Stackelbeck**, M./**Langenhoff**, G. (2002): Der Mobbing-Report (Kurzfassung), Dortmund.
Ruberg, B. (2002): Mobbing: Überlegungen zu Interventionsmitteln der Arbeitsgerichte, wenn statt der Sache die Person „erledigt" werden soll, in: Arbeit und Recht, Heft 6.
Schaub, G. (2009): Arbeitsrechts-Handbuch, 13. Auflage, München.

Internetquellen:

http://www.dgb.de/themen/mobbing_01.htm
http://www.dgb.de/themen/mobbing/mobbing_04.htm
http://www.dgb.de/themen/mobbing/mobbing.htm.
http:// www.dgb.de/themen/mobbing/mobbing_02.htm
http://lasi.osha.de/docs/lv_34.pdf

Beratung zur Vereinbarkeit von Familie und Beruf
Frank Meissner

1. Einleitung

Ich muss gestehen, dass ich anfangs wenig mit der Fragestellung „ist die Beratung wirklich im Interesse von Arbeitnehmern/innen" anfangen konnte, da es für mich ganz selbstverständlich war, dass Themen wie Vereinbarkeit oder Work-Life-Balance ureigenste Arbeitnehmerinteressen sind.

Mehr noch: Überall, wo unter Mitarbeitern das Thema angesprochen wird, entbrennen sofort lebhafte Diskussionen darüber. Wenn z. B. über Männer- und Frauenrollen diskutiert wird, dann sind sofort ganz viele Bilder, Geschichten, Klischees präsent, die mit vielen Emotionen verbunden sind.

Ähnliches gilt für die Zeit, die jede/r mit Arbeit, Partner, Kindern oder mit der Pflege von Angehörigen oder Freunden verbringt. Auch hier läuft sofort ein innerer Film ab, der die verschiedenen individuellen Lebensbereiche beleuchtet und deren Balance oder Einklang sofort thematisiert.

Dies bestätigen auch aktuelle empirische Analysen: Untersuchungen der Gesellschaft für Konsumforschung (GfK) oder der IG Metall belegen sehr eindrucksvoll die hohe Relevanz des Vereinbarkeitsthemas für die Beschäftigten.

So ist laut GfK[124] 92 % aller Beschäftigten mit Kindern ein familienfreundlicher Arbeitgeber mindestens genauso wichtig wie das Gehalt.

---

[124] Vgl. Bundesministerium für Familie, Senioren, Frauen und Jugend (Hrsg.) (2008): Familienfreundlichkeit als Erfolgsfaktor für die Rekrutierung und Bindung von Fachkräften. Ergebnisse einer repräsentativen Umfrage unter Arbeitgebern und Beschäftigten, durchgeführt durch die Gesellschaft für Konsumforschung (GfK).

Bei den Beschäftigten ohne Kinder sind es immerhin noch knapp zwei Drittel der Befragten.

Auch die IG Metall-Befragung „Gemeinsam für ein gutes Leben"[125] bekräftigt die große Bedeutung von Familienfreundlichkeit. In der mit 450.000 Befragten größten Umfrage, die die Gewerkschaft in ihrer Geschichte gemacht hat, steht die Vereinbarkeit von Arbeit und Leben – neben einer gerechten Gesellschaft, sicheren und fairen Arbeitsbedingungen sowie einer gesicherten Altersversorgung – auf Platz vier der vorrangigsten Themen. 77 % der Befragten fordern mehr Zeit für die Familie und private Interessen.

Abbildung 1: Umfrage Vereinbarkeit Familie und Beruf vs. Gehalt

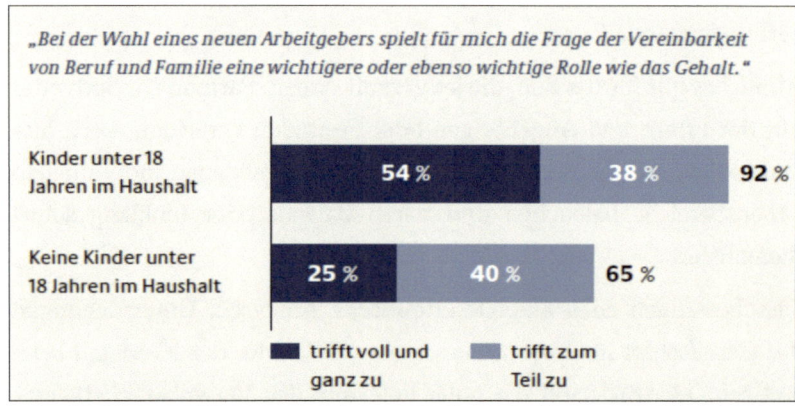

Quelle: Bundesministerium für Familie, Senioren, Frauen und Jugend (Hrsg.) (2008): Familienfreundlichkeit als Erfolgsfaktor für die Rekrutierung und Bindung von Fachkräften. Ergebnisse einer repräsentativen Umfrage unter Arbeitgebern und Beschäftigten, durchgeführt durch die Gesellschaft für Konsumforschung (GfK).

Qualitative Studien der TU Chemnitz und des Deutschen Jugendinstituts sehen in der doppelten Entgrenzung von Arbeit und Familie eine

---

[125] Vgl. Industriegewerkschaft Metall (Hrsg.) (2009): So wollen wir leben. Über 450.000 Menschen reden Klartext, Ergebnisse und Analysen aus der Befragung der IG Metall vom 1. April bis 30. Juni 2009.

der großen Herausforderungen der Zukunft: Durch die zeitliche Flexibilität in Beruf und Familie stehen die Menschen vor der permanenten Aufgabe, den Familienalltag aktiv herzustellen. Und es zeigt sich,

- wie schwer das Austarieren der verschiedenen Lebensbereiche ist,
- wie stark die Anforderungen gewachsen sind, eine gute Balance von Arbeit und Leben herzustellen,
- wie anspruchsvoll es für immer mehr Menschen wird, sich mit der Familie zu synchronisieren und Familie wirklich zeitlich zu erleben.[126]

Das Hauptproblem unserer Beratungspraxis entspringt also eher dem Widerspruch von Bedeutsamkeit des Themas auf der einen Seite und geringer Nachfrage in der gewerkschaftlichen und betrieblichen Praxis auf der anderen Seite.

Deshalb würde ich die Fragestellung für unser Beratungsprojekt etwas abwandeln, und die Frage stellen: Auf welche Schwierigkeiten stößt Beratung, obwohl die Bedeutung und Wichtigkeit des Themas eigentlich längst erkannt sind?

Gliederung:

Nach einer kurzen Skizzierung unseres Projektes möchte ich in zwei Thesen vor allem die Schwierigkeiten unserer Beratungstätigkeit erläutern.

---

[126] Vgl. Jurczyk, K. u. a. (2009): Entgrenzte Arbeit - entrenzte Familie: Grenzmanagement im Alltag als neue Herausforderung.

2. Projektstruktur

Was steckt hinter dem Projekt „Vereinbarkeit von Familie und Beruf gestalten" und was sind unsere Projektziele?

Vorab eine kurze Anmerkung zum Begriff Vereinbarkeit: Dieser bedeutet für uns die Möglichkeit und die Fähigkeit, verschiedene Lebensbereiche immer wieder aufs Neue so in Einklang zu bringen, dass verschiedene und z. T. widersprüchliche Anforderungen aus diesen Lebensbereichen weitestgehend parallel erfüllbar sind. Wichtig dabei ist ein weiter Familienbegriff, der über die Kernfamilie hinausgeht. Auch Singles sind in soziale Netzwerke eingebunden und müssen die Vereinbarkeit von Arbeit und Leben bewerkstelligen.

Unser Projekt besteht aus drei Kollegen/innen, die beim DGB-Bundesvorstand arbeiten und direkt dem 1. Vorsitzenden unterstehen. Finanziert wird es aus Mitteln der Europäischen Sozialfonds, des BMFSFJ und des DGB.

Unsere beiden wichtigsten Ziele sind die Sensibilisierung von Interessenvertretungen für das Thema Vereinbarkeit von Familie und Beruf sowie die Verankerung des Themas als Querschnittsthema in der gewerkschaftlichen Bildungsarbeit.

Wir haben vor allem zwei Zielgruppen im Auge:

1) Bildungswerker/innen (Teamende, Referenten/innen, Verantwortlichen in den Gewerkschaften, die Bildungsarbeit organisieren).

2) Interessenvertreter/innen, die sich mit dem Thema beschäftigen und die wir auf Seminaren und Veranstaltungen treffen bzw. die uns um Vermittlung oder Unterstützung bitten.

Was bedeutet „Verankerung des Querschnittsthemas in der gewerkschaftlichen Bildungsarbeit" – ein schöner langer Satz – konkret und wie sieht die Beratung dort aus?

Ähnlich wie im Bereich Gender- oder Gleichstellungspolitik haben wir die verschiedenen Handlungsfelder der Interessenvertretung daraufhin untersucht, inwieweit sich Aspekte von Work-Life-Balance oder Vereinbarkeit darin bemerkbar machen.

Wenn man sich ernsthaft mit dem Thema auseinandersetzt, wird schnell klar, dass sich die Trennung von „Arbeit und Leben" nicht aufrechterhalten lässt.

Egal, ob es um Demographie, Arbeitsorganisation oder Recht geht: Überall spielen Vereinbarkeitsthemen eine zentrale Rolle:

Bei der demographischen Personalplanung geht es um die Einbeziehung und Steuerung von Beschäftigtengruppen, die sich in verschieden Lebensphasen befinden, unterschiedliche Anforderungen an Arbeit und Leben stellen und gut zusammenarbeiten sollen.

Das betriebliche Gesundheitsmanagement soll psychische Belastungen und Gesundheitsrisiken reduzieren, die sich aus der doppelten oder dreifachen Belastung von Familienarbeit und Pflegetätigkeiten resultieren.

Im Arbeitsrecht geht es um Gleichbehandlung oder Mitbestimmungsrechte von Beschäftigtengruppen mit und ohne Familienpflichten.

Unser Anliegen ist es, diesen Querschnittsgedanken auf Seminare und verschiedene Seminartypen zu übertragen:

In den gängigen Gewerkschaftsseminaren lassen sich Verbindungen zur Vereinbarkeit herstellen. Diese Verbindungen haben wir in sogenannten kleinen Bausteinen zusammengestellt:

Auf einfache, anschauliche Weise soll z. B. einem Referenten, der ein Seminar zur betrieblichen Gesundheitsförderung macht, der Zusammenhang zur Vereinbarkeitsthematik hergestellt werden. Gleichzeitig soll der Referent nicht das Gefühl haben, das neue/zusätzliche Thema werde über die bestehenden Inhalte übergestülpt. Diese „Brückenbauer" zwischen Themen, die bisher eher getrennt nebeneinander standen, können individuell und flexibel in das eigene Seminar integriert werden.

So kann z. B. über die Zunahme der psychischen Belastungen durch Familienarbeit und Stress in der Organisation von Kindererziehung oder Pflegetätigkeiten der Bogen zur betrieblichen Gesundheitsförderung geschlagen werden.

Mit diesem Rüstzeug ausgestattet kommen wir ins Gespräch mit den verschiedenen Bildungseinrichtungen und versuchen die Bildungswerkern/innen davon zu überzeugen, dass dieser querschnittsorientierte Ansatz auch für ihre Arbeit fruchtbar sein kann.

Abbildung 2: **Bildungsbausteine Querschnittsthema**

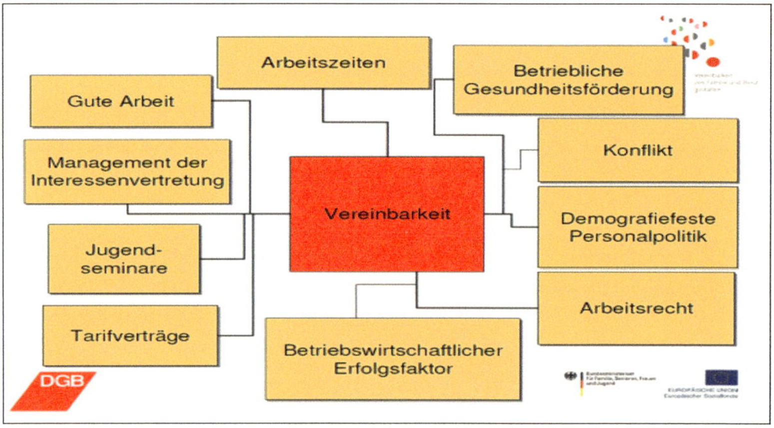

Quelle: Meissner, F. (2009): Vereinbarkeit von Familie und Beruf für Personalräte. Herausgegeben vom DGB-Projekt „Vereinbarkeit von Familie und Beruf gestalten.

Darüber hinaus

- haben wir eigene Materialien und Unterlagen erarbeitet,
- konzipieren wir Seminare und Module für Bildungseinrichtungen,
- schulen wir Teamer/innen, Bildungsverantwortliche, Interessenvertretungen,
- veranstalten Seminare, Fachtagungen, Workshops,
- vermitteln Experten/innen,
- haben ein breites Serviceangebot im Internet zu allen Handlungsfeldern der Familienfreundlichkeit zusammengestellt, von dem auch Beschäftigte oder Interessenvertreter/innen direkt profitieren
- auf Handlungsfeldern wie: Arbeitszeit, Beruf & Pflege, betriebliche Kinderbetreuung, Recht, Wiedereinstieg nach Familienzeiten, usw.,
- durch praktische Tipps wie: Checklisten, Dienst- und Betriebsvereinbarungen, Fallbeispiele,
- mittels aktueller Veröffentlichungen, Veranstaltungen,
- durch einen Newsletter, der alle drei Monate über die aktuellen familienpolitischen Entwicklungen berichtet.

Zusammengefasst reicht die Palette unserer Beratung von direkter Information über konkrete familienfreundliche Maßnahmen bis zu vermittelten Beratungsformen in der pädagogischen Arbeit für die Interessenvertretung.

Thesen:

These 1: Betriebs- und Personalräte sowie Gewerkschaften und Bildungsinstitutionen haben die Bedeutsamkeit, Gestaltbarkeit und Politikfähigkeit dieses strategischen und querschnittsorientierten Themas noch zu wenig erkannt.

Hinter betrieblicher Familienpolitik oder familienbewusster Personalplanung verbergen sich einerseits eine Vielzahl verschiedener Einzelmaßnahmen zur Arbeitszeitgestaltung (Teilzeit, flexible Arbeitszeit, Freistellungen, individuelle Modelle), Arbeitsorganisation (Telearbeit, Eltern-Kind-Zimmer, Wiedereinstiegsprogramme nach Elternzeit) oder zu Servicedienstleistungen (Notfallkoffer für Beschäftigten mit Pflegeaufgaben, Kinderbetreuung während der Ferien, Dienstleistungsangebote für Kindernotfallbetreuung). Andererseits ist Familienfreundlichkeit Bestandteil von Unternehmenskultur und integriert in vielfältige Handlungsfelder des Betriebes:

- in Arbeitszeitmodellen,
- in betrieblicher Gesundheitsförderung,
- in Gleichstellungsaktivitäten,
- Personalentwicklung,
- Entgeltstrukturen,
- Managementsystemen (Zielvereinbarungen) usw.

Familienfreundlichkeit lässt sich also bei Weitem nicht auf Betriebskitas beschränken, sondern umfasst alle strategischen Bereiche des Unternehmens.

Erfolgreich sind Betriebe, Unternehmen, Verwaltungen und Behörden vor allem dann, wenn Interessenvertretung und Management sozialpartnerschaftlich, kooperativ zusammen arbeiten. Es gibt relativ wenige Betriebe, in denen es allein der Widerstandsfähigkeit des Betriebsrates zu verdanken ist, dass das Thema erfolgreich ist. Ein Beispiel hierfür ist Karstadt in Hannover, wo es dem Engagement des Betriebsrates zu verdanken ist, dass familienfreundliche Maßnahmen vereinbart wurden. Die Geschäftsführung hatte den Prozess nicht aktiv unterstützt.

Oft muss das Thema erst im Betriebsrats- oder Personalratsgremium – gegen die meist männlichen Kollegen – durchgesetzt werden. Wenn es dann noch gegen das Management durchgesetzt werden soll, fehlen die Ressourcen und die Durchschlagskraft.

Ein positives Klima im Unternehmen und die Unterstützung durch Leitung und Personalabteilung sind sehr wichtig: Der Betriebsratsvorsitzende des Flughafen München hat uns berichtet: Wenn die Unternehmensleitung vom Nutzen überzeugt ist, dann sind schon mal 30 % der Zielvorgaben gesichert.

Andererseits: In vielen Fällen geht die Initiative vom Arbeitgeber aus, z. B. bei der Zertifizierung zu einem familienfreundlichen Unternehmen durch die Hertie-Stiftung „berufundfamilie".

Als Gradmesser für die Relevanz des Themas in der betrieblichen Praxis kann der DGB-Index Gute Arbeit herhalten.

In der Sonderauswertung „Verhältnis von Familie und Beruf" der Untersuchung aus dem Jahr 2007 zeigt sich, dass 42 % aller Beschäftigten große Schwierigkeiten haben, Familie und Beruf unter einen Hut zu bringen.[127]

Insgesamt wird eine Dreiteilung sichtbar, in (siehe Abbildung 3)

1) Betriebe, in denen viel getan wird und

---

[127] Vgl. DGB-Index Gute Arbeit, Work-Life-Balance (2007): Der Report. Wie Beschäftigte die Vereinbarkeit von Berufs-, Familien- und Privatleben beurteilen.

2) Betriebe, wo überhaupt nichts passiert: Hier ist Vereinbarkeit ein Luxusthema (26 %, ein Viertel, das keine Rücksicht durch den Arbeitgeber erfährt),

3) ein großer Bereich von Beschäftigten, die nicht wissen, ob der Betrieb familienfreundlich ist, in denen das Thema noch nicht angekommen ist.

Abbildung 3: Umfrage Familienfreundlichkeit der Arbeitgeber

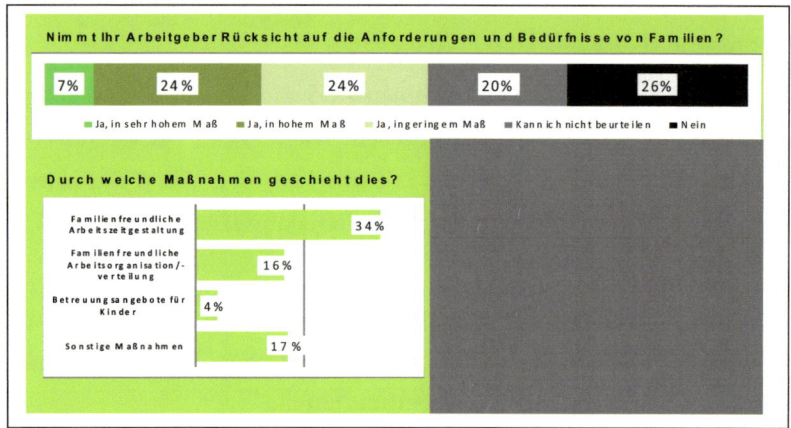

Quelle: DGB-Index Gute Arbeit, Work-Life-Balance (2007): Der Report. Wie Beschäftigte die Vereinbarkeit von Berufs-, Familien- und Privatleben beurteilen.

Aber auch Gewerkschaften und Interessenvertretungen haben erst angefangen, sich mit dem Thema zu beschäftigen:

- Laut WSI-Betriebsrätebefragung (2007) sind nur in 9 % aller Betriebe Betriebsvereinbarungen zur Vereinbarkeit abgeschlossen worden.[128] Immerhin sind es im öffentlichen Dienst doppelt so viele Personalvereinbarungen.

---

[128] Vgl. Brinkmann, T. M./Fehre, R. (2009): Familienbewusste Arbeitsbedingungen – (k)ein Thema für Betriebs- und Personalräte?, in: WSI-Mitteilungen, 62. Jg., Nr. 6, S. 324-330.

- Interessenvertretungen werden noch viel zu wenig als kompetente Ansprechpartner für das Thema Vereinbarkeit von den Beschäftigten wahrgenommen.

Auch in unserer Beratungspraxis spiegelt sich diese Situation wider: Wir erreichen noch zu selten die Gruppen, die sich bisher nicht mit dem Thema auseinandergesetzt haben: Betriebs- und Personalräte in Betrieben oder Verwaltungen unter schwierigen Bedingungen (krisengeschüttelt bzw. männerdominiert). Oder auch Bildungseinrichtungen, die dem Thema gegenüber wenig aufgeschlossen sind („Das ist bei uns kein Thema, weil keine Teilnehmer auf die Veranstaltung kommen würden.").

Andererseits erleben wir immer wieder ein großes Aha-Erlebnis auf Veranstaltungen mit denjenigen, die bisher wenig mit Work-Life-Balance anfangen konnten.

Da heißt es: „Wir haben gar nicht gewusst, was es alles gibt."

Viele wissen auch nicht, dass es eine Vielzahl kleinerer Maßnahmen gibt, die wenig kostenintensiv sind, wenig Personal und Arbeitsaufwand beanspruchen, um relativ viel zu bewirken.

These 2: Chancen und Möglichkeiten des Themas Vereinbarkeit stehen im Schatten traditioneller „Arbeitsteilungen".

Ich möchte diese „Arbeitsteilungen" anhand von vier Punkten erläutern und anschließend zeigen, was dies für die Beratungspraxis bedeutet.

1. Trennung von Arbeit und Leben

Beim Thema Vereinbarkeit findet sich eine extreme Fokussierung auf die Erwerbsarbeit und eine starke Ausblendung aller privaten/familiären Dinge. Die Rollenverteilung und Arbeitsverteilung ist dabei ganz klassisch strukturiert: Erwerbsarbeit ist vorwiegend Männersache, da haben „Frauenthemen" keinen Platz und umgekehrt Familienarbeit, Fürsorgetätigkeiten oder Care-Arbeit sind vor allem Frauensache.

Gerade in der Welt der Erwerbsarbeit sind diese alten Strukturen besonders wirkmächtig:

Die klassische Geschlechterteilung mit ihren Klischees, ist verbunden mit

- einem traditionell männlich dominierten Führungsstil und einer männlichen Besetzung des Führungspersonals,
- einer Betriebskultur, die sich durch lange Anwesenheitszeiten und einer Überstundenkultur auszeichnet
- und einer starken Leistungsorientierung bei den Karrierekriterien vermeintlich weiche Themen wie Teamorientierung oder Förderung sozialer Kompetenzen fallen dabei herunter.

Diese „Verkrustungen" ziehen sich wie ein roter Faden durch die Handlungsfelder unserer Beratungspraxis:

Egal ob Arbeitszeiten (Vollzeit = Mann; Teilzeit = Frau), betriebliche Gesundheitsförderung (immer noch überwiegend am klassischen Arbeitsschutz mit den körperlichen Belastungen als Schwerpunktthema orientiert) oder bei Entgeltfragen: Schon in den sprachlichen Formulierungen beherrscht diese Trennung von Arbeit und Leben jedes einzelne Feld.

Auf der anderen Seite machen sich immer stärker grundlegende strukturelle Veränderungen bemerkbar: Familien werden immer heterogener, bunter und fallen aus den klassischen Mustern heraus.

Die Ansprüche und Interessen von Frauen und Männern an Arbeit und Leben verändern sich: Immer mehr Männer wollen aktive Väter sein, immer mehr Frauen reklamieren auch in der Erwerbsarbeit ihre Ansprüche an gleichberechtigte Teilhabe. Auch die Geschlechterverhältnisse sind in Bewegung geraten und lassen sich immer weniger eindeutig „auseinander halten". Eine aktuelle Studie von SoWiTra zeigt die nachhaltigen Wirkungen der Elternzeit bei Vätern.[129] Verschiedene Gleichstellungseffekte werden auf mehreren Ebenen verzeichnet: Zum einen steigt in den Betrieben die Sensibilität für Beschäftigte mit Fürsorgeaufgaben. Zum anderen beleben Väter die Debatten um familienfreundliche Maßnahmen im Betrieb. Zudem werden arbeitsorganisatorische Dinge angestoßen, von denen Männer wie Frauen profitieren.

Verschiedene Lebensformen passen immer weniger zur Erwerbssituation: Das klassische Ernährermodell ist „abgewählt". Nur noch 23 % der Paare leben in Westdeutschland (8 % in Ostdeutschland).[130]

Demographie und Fachkräftemangel haben das Thema Familienpolitik stark befördert und wesentlich dazu beigetragen, es zu einem Trendthema werden zu lassen.

Zunehmend müssen ältere, pflegebedürftige Familienmitglieder versorgt werden. Sie stellen auch die Interessenvertretung vor neue Herausforderungen.

Aktuell sind in Deutschland 2,13 Millionen Menschen pflegebedürftig. Von ihnen werden 1,45 Millionen zu Hause versorgt, 1 Million ausschließlich von Angehörigen. Bereits für das Jahr 2030 rechnet das Statistische Bundesamt mit 3,4 Millionen Pflegebedürftigen. Und der Anteil der über 80-jährigen Menschen, die den höchsten Pflegebedarf benötigen, wird sich von 1,1 Millionen auf 2,2 Millionen verdoppeln.[131]

---

[129] Vgl. Pfahl, S./Reuyß, S. (2009): Das neue Elterngeld, Erfahrungen und betriebliche Nutzungsbedingungen von Vätern.
[130] Vgl. Klenner, C./Pfahl, S. (2008): Jenseits von Zeitnot und Karriereverzicht-Wege aus dem Arbeitszeitdilemma. Arbeitszeiten von Müttern, Vätern, Pflegenden, WSI-Diskussionspapier Nr. 158.
[131] Vgl. Statistisches Bundesamt (2007): Pflegestatistik 2005, Pflege im Rahmen der Pflegeversicherung, Deutschlandergebnisse.

Der demographische Wandel hat zur Folge, dass sich viele Betriebe und Verwaltungen mit einer alters- und altersgerechten Arbeitsorganisation auseinandersetzen müssen. Gleichzeitig werden Engpässe bei qualifizierten Nachwuchskräften immer mehr zunehmen. Unternehmen können es sich zukünftig immer weniger leisten, auf die Potentiale von Frauen und älteren Beschäftigten zu verzichten.

Zu oft befinden sich Frauen in einem Arbeitszeitdilemma: Sie arbeiten entweder Vollzeit, dann herrscht Zeitnot, oder sie arbeiten Teilzeit, dann droht Karriereverzicht. Im Jahr 2006 waren 87 % der Väter erwerbstätig, aber nur 57 % der Mütter. Auch die Dauer der Erwerbsarbeitszeit zwischen Müttern und Vätern ist extrem verschieden: Während Mütter im Durchschnitt 24,4 Stunden pro Woche erwerbstätig sind – also verstärkt auf Teilzeit setzen – sind Väter durchschnittlich 39,7 pro Woche auf der Arbeit. Das macht eine Arbeitszeitdifferenz von 15 Stunden pro Woche. Und Väter arbeiten im Verhältnis zu anderen Männern sogar 1,2 Stunden pro Woche länger, um die Familie finanziell zu versorgen. Mütter dagegen reduzieren ihre Erwerbsarbeitszeit um 7,6 Stunden gegenüber Frauen, die keine Kinder haben.[132]

Die Schwierigkeit des Beratungsfeldes „Vereinbarkeit" ist in dieser gesellschaftlichen Umbruchsituation begründet und der Ambivalenz aus Festhalten an überkommenen Strukturen und neuen Chancen und Herausforderungen durch veränderte Ansprüche und Interessen der Menschen.

Entsprechend wird die Vereinbarkeitsproblematik je nach Sichtweise und „Philosophie" zu einen vermeintlich weichen, Luxus- oder Orchi-

---

[132] Vgl. Klenner, C./Pfahl, S. (2008): Jenseits von Zeitnot und Karriereverzicht-Wege aus dem Arbeitszeitdilemma. Arbeitszeiten von Müttern, Vätern, Pflegenden, WSI-Diskussionspapier Nr.158.

deenthema oder zu einem Megathema, das quer zu den gewohnten Einteilungen steht und mit vielen Feldern verbunden ist.

2. Politischer Hintergrund

Zudem verbergen sich hinter dem so freundlich klingenden Begriff Familienpolitik einige politische Minen, wie etwa die aktuelle Debatte um das Betreuungsgeld zeigt. Das Familienministerium plant eine finanzielle Förderung für Eltern, die ihre unter dreijährigen Kinder selbst erziehen möchten. Von der Gegenseite wird dies als unmodernes Instrument kritisiert, dass Mütter belohnen würde, die nicht erwerbstätig sein möchten. Außerdem schaffe das Betreuungsgeld gerade für sozial schwache Familien den Anreiz, ihre Kinder nicht in die Krippe zu bringen und hätte bildungspolitisch fatale Folgen.

Da werden Frauen immer noch als Rabenmütter diskreditiert, wenn sie ihre kleinen Kinder in die Krippe geben und einem Beruf nachgehen. Männer werden als Weicheier und Frauenversteher tituliert, wenn sie nach der Elternzeit nur auf Teilzeitbasis weiter arbeiten wollen.

In diesen sehr emotional geführten Debatten wird auf beiden Seiten vehement um Familienkonzepte gerungen und dabei gut ausgeteilt. Seien es die „Herdprämie", das „Wickelvolontariat", Familie als veraltete Form eines bürgerlichen Auslaufmodells oder die Herabwürdigung von gleichgeschlechtlichen Ehen: Schnell wird man politischen Lagern zugeschlagen und muss sich mit dem Vorwurf der ideologischen Voreingenommenheit auseinandersetzen.

Natürlich sind die machtpolitischen Aspekte des Themas nicht von der Hand zu weisen:

Männer fürchten in der Arbeitswelt um ihre Positionen und ihre Herrschaft. Frauen in Führungspositionen sind immer noch eine Seltenheit – je höher die betriebliche Hierarchie, desto weniger sind sie anzutreffen. Teilzeit und eine Führungsposition scheinen in Deutschland – anders als zum Beispiel in skandinavischen Ländern – immer noch unvereinbar zu sein.[133] Wer Teilzeit arbeitet stellt sich gewissermaßen außerhalb des Rahmens und der Regeln und verbaut sich dadurch seinen/ihren Karriereweg.

3. Kultureller Wandel

Das Aufbrechen alter Strukturen ist mit Risiken verbunden:

In vielen Betrieben scheitern familienfreundliche Maßnahmen an alten gewohnten Strukturen:

Oft müssen Widerstände gegen das Thema überwunden werden, denn Veränderungen bedrohen alte Gewohnheiten und Sicherheiten. Gerade wenn das Thema nicht vom ganzen Betriebsrat oder der Firmenleitung – also den Verantwortlichen – getragen wird, versickern die Maßnahmen oft und können sich nicht durchsetzen.

Wenn Vereinbarkeitsthemen in die Betriebe oder in gewerkschaftliche Bildungseinrichtungen getragen werden, dann sind damit immer auch Emotionen verbunden:

- Zum Beispiel bedingt die Pflege von Angehörigen, dass man sich mit schwierigen und sehr emotionalen Dingen beschäftigt. Die Auseinandersetzung mit Krankheit, Alter, Tod überfordert viele Menschen. Wie soll da der Betrieb darauf reagieren?
- Der Betrieb muss darauf eingestellt sein, dass Emotionen ausgelöst werden und damit umgehen können. Dies setzt wiederum voraus, dass solche sozialen Kompetenzen vorhanden sind.

Veränderungsprozesse sind also per se mit langen Anlaufzeiten und Eingewöhnungszeiten verbunden, damit sich veränderte Sichtweisen wirklich in den Institutionen festigen können.

---

[133] Vgl. Holst, E./Schimeta, J. (2011): Weiterhin kaum Frauen in Top-Gremien großer Unternehmen, DIW-Wochenbericht Nr. 3/2011.

4. Gewerkschaften

Probleme gibt es auch auf Seiten der Gewerkschaften:

Da ist zum einen eine relativ komplexe Bildungsstruktur zu nennen: Jede der acht Mitgliedsgewerkschaften hat eine andere Struktur ihrer Bildungsarbeit: die IGM organisiert zentral, GEW nur regional, Ver.di hat verschiedene Bildungseinrichtungen, die sehr unterschiedlich sind und arbeitet zudem mit externen Bildungseinrichtungen zusammen.

Die kleineren Gewerkschaften haben entweder nur ein Haus/Einrichtung oder haben die Bildungsarbeit extern ausgelagert.

Der DGB selbst hat ein Bildungswerk auf Bundesebene sowie verschiedene Einrichtungen auf Landesebene, die auch unterschiedlich aufgebaut sind.

Zwischen diesen Einrichtungen ist die Kommunikation nur sehr schwach ausgeprägt. Auch Konkurrenzen und Eifersüchteleien zwischen den Gewerkschaften behindern einen effektiven Austausch.

Zum anderen kommt hinzu: Einige kleinere Gewerkschaften sind mit der Thematik Vereinbarkeit als Querschnittsaufgabe ihrer Bildungsarbeit überfordert. Personelle Ausstattung und Ressourcen sind nur auf eine Grundversorgung mit Basisseminaren zugeschnitten und lassen keinen Raum für „exotische" Themen wie Männerseminare oder Vereinbarkeitsseminare.

Drittens: Selbst beim DGB – dem Dachverband aller Gewerkschaften – ist gewerkschaftliche Bildungsarbeit eher ein Randthema. Das hat zur Folge, dass sich die Gewerkschaften schwer damit tun, Leitbilder oder Philosophien zur Vereinbarkeit zu entwickeln und zu vermitteln.

Und nicht zuletzt sind auch Gewerkschaften im Wesentlichen männlich dominierte Institutionen (Frauenanteil der IGM 21 %),[134] die sich stark aus einer eher älteren männlichen Facharbeiterschaft zusammensetzen. Diese Menschen prägen natürlich auch die Gewerkschaftskultur und müssen beim Vereinbarkeitsthema erst noch überzeugt werden.

---

[134] Vgl. Industriegewerkschaft Metall (2003): Frauen und Männer in der IG Metall, Erster Gender-Bericht der IG Metall.

3. Fazit: Was heißt das für die Beratungstätigkeit?

Um dieser komplexen Problemlagen gerecht zu werden, haben wir in der Beratung eine sehr differenzierte Herangehensweise gewählt:

- Sowohl was die verschiedenen Personengruppen angeht als auch bei den Themen versuchen wir stark zu differenzieren (Männerseminare bei Verdi – sind z. B. bei Transnet kaum möglich).
- Auch methodisch versuchen wir dieser Heterogenität gerecht zu werden: Seminare mit kreativem Ansatz, in denen es auch um Selbsterfahrung geht bis zu Seminartypen, in denen Vereinbarkeitsthemen eher unter dem Motto „Wie können wir Work-Life-Balance als verdeckten Ansatz mit einbringen".
- Beratung zur Vereinbarkeit muss auch in der Betriebs-/Personalratsberatung querschnittsorientiert sei; d. h. es sollte bei allen Themen mitgedacht und behandelt werden.

Es ist ein langer Atem notwendig, um das Thema wirklich nachhaltig zu verankern – gerade in schwierigen Branchen und Bereichen, in denen das Thema nicht ernst genommen wird.

Auch innerhalb der Gewerkschaften müssen noch jede Menge „dicke Bretter gebohrt" werden, um das Thema zu einem selbstverständlichen, querschnittsorientierten Thema innerhalb der Wahrnehmung und Politik der Interessenvertretung werden zu lassen.

Literatur

Brinkmann, T. M./**Fehre**, R. (2009): Familienbewusste Arbeitsbedingungen – (k)ein Thema für Betriebs- und Personalräte?, in: WSI-Mitteilungen, 62. Jg., Nr. 6, S. 324-330.

Bundesministerium für Familie, Senioren, Frauen und Jugend (Hrsg.) (2008): Familienfreundlichkeit als Erfolgsfaktor für die Rekrutierung und Bindung von Fachkräften. Ergebnisse einer repräsentativen Umfrage unter Arbeitgebern und Beschäftigten, durchgeführt durch die Gesellschaft für Konsumforschung (GfK), Berlin.

Deutscher Gewerkschaftsbund Bundesvorstand (Hrsg.) (2008): Vereinbarkeit von Beruf und Pflege – Ein Handlungsfeld für Betriebsräte, Berlin (mehr zum DGB-Projekt unter: www.familie.dgb.de).

DGB-Index Gute Arbeit, Work-Life-Balance (2007): Der Report. Wie Beschäftigte die Vereinbarkeit von Berufs-, Familien- und Privatleben beurteilen.

Holst, E./**Schimeta**, J. (2011): Weiterhin kaum Frauen in Top-Gremien großer Unternehmen, DIW-Wochenbericht Nr. 3/2011, 18.01.2011, Berlin, S. 2-19.

Industriegewerkschaft Metall (2003): Frauen und Männer in der IG Metall, Erster Gender-Bericht der IG Metall, Frankfurt.

Industriegewerkschaft Metall (Hrsg.) (2009): So wollen wir leben. Über 450.000 Menschen reden Klartext, Ergebnisse und Analysen aus der Befragung der IG Metall vom 1. April bis 30. Juni 2009, Frankfurt am Main (Download: www.gutes-leben.de/forderungen/broschuere-so-wollen-wir-leben.pdf).

Jurczyk, K. u. a. (2009): Entgrenzte Arbeit - entgrenzte Familie: Grenzmanagement im Alltag als neue Herausforderung. Forschung aus der Hans-Böckler-Stiftung, Berlin.

Klenner, C./**Pfahl**, S. (2008): Jenseits von Zeitnot und Karriereverzicht-Wege aus dem Arbeitszeitdilemma. Arbeitszeiten von Müttern, Vätern, Pflegenden, WSI-Diskussionspapier Nr. 158, Düsseldorf.

Meissner, F. (2009): Vereinbarkeit von Familie und Beruf für Personalräte. Herausgegeben vom DGB-Projekt „Vereinbarkeit von Familie und Beruf gestalten", Berlin.

Pfahl, S./**Reuyß**, S. (2009): Das neue Elterngeld, Erfahrungen und betriebliche Nutzungsbedingungen von Vätern, Düsseldorf.

Statistisches Bundesamt (2007): Pflegestatistik 2005, Pflege im Rahmen der Pflegeversicherung, Deutschlandergebnisse, Wiesbaden.

Der Arbeitslose im Spannungsfeld vielfältiger Interessen
Birgit Wiese

1. Einleitung

Ausgelöst durch die Finanzkrise, die nunmehr seit über einem Jahr anhält, wird uns beinahe tagtäglich vor Augen geführt, wie schnell scheinbar stabile Erwerbskarrieren einen Bruch erfahren können. Aktuell ist es die Quelle-Insolvenz, von der 4.600 Menschen betroffen sind. Dabei umfasst diese Zahl noch nicht einmal die Arbeitsplätze, die in der Folgezeit durch Insolvenzen von und Arbeitsplatzabbau bei Zulieferbetrieben und Geschäften in der unmittelbaren Umgebung der Quellenniederlassung verloren gehen werden.

Aber nicht nur die aktuelle Finanzkrise konfrontiert uns mit dem Thema „Arbeitslosigkeit". Einhergehend mit dem Globalisierungsprozess hat sich die Elastizität von Arbeit erhöht. Viele Arbeitsplätze sind heute entweder nicht mehr an einen Standort gebunden oder werden dort hin verlegt, wo die derzeit besten ökonomischen Rahmenbedingungen geboten werden. Normalerwerbsbiografien lösen sich vor diesem Hintergrund immer weiter auf und die Gefahr, arbeitslos zu werden, trifft immer größere Teile der Gesellschaft. Betroffen davon ist insbesondere die junge Generation, die sich darauf einstellen muss, einmal oder vielleicht sogar mehrere Male im Erwerbsleben arbeitslos zu werden.[135]

Für die Betroffenen stellt Arbeitslosigkeit häufig eine massive Lebenskrise dar. Nichts scheint mehr so, wie es gestern noch war. Dabei belastet insbesondere das Gefühl, nicht zu wissen, wie sich die berufliche Zukunft weiterentwickeln wird. In dieser Situation müssen sich Betroffene allerdings nicht nur mit ihrer eigenen Situation auseinandersetzen, sondern auch mit Anforderungen, die sich aus ihrem Status als Arbeitslose ergeben und nunmehr an sie herangetragen werden. Im

---

[135] Vgl. Frese, M. (2008): Arbeitslosigkeit - Psychologische Perspektive, in: Aus Politik und Zeitgeschichte, Heft 42/2008, S. 22.

Rahmen dieses Vortrages sollen diese Anforderungen vorgestellt und in den Kontext eines Spannungsfeldes gestellt werden, dem von Arbeitslosigkeit Betroffene ausgesetzt sind. Der Fokus liegt dabei auf der Bundesagentur als Vertreterin vielfältiger gesellschaftlicher Interessen, die sich aus dem Rechtsrahmen des SGB III ergeben und im Kontext von (Berufs-)Beratung stehen.

2. Eigeninteresse: Arbeit und gesellschaftliche Integration

Bedeutete „arbeiten zu müssen" lange Zeit, noch einer armen Gesellschaftsgruppe anzugehören, so hat sich dieses Bild in der Neuzeit gründlich gewandelt. Arbeit wird heute nicht nur als Broterwerb betrachtet, sondern auch als zentrale Voraussetzung für gesellschaftliche Integration.[136] Daraus folgt, dass die Inklusionskraft von Erwerbsarbeit weit über den reinen Gelderwerb hinausgeht. Arbeit zu haben bietet nicht nur Konsummöglichkeiten, sondern auch räumlich-zeitliche und soziale Strukturen sowie den Aufbau und die Pflege von sozialen Beziehungen. „Man arbeitet dann, wenn andere auch arbeiten, um mit ihnen zusammenzuarbeiten; man arbeitet, wo andere arbeiten".[137]

Bestimmte Zeiten sind jedoch auch anderen Dingen vorbehalten als der Arbeit und ihre Wahrnehmung ist gesellschaftlich anerkannt. Dazu zählen physische Erholungsphasen, Freizeitaktivitäten, die Pflege von Freundschaften sowie Zeit, die für Reproduktionsarbeiten benötigt wird. Arbeit veranlasst also Menschen, ihre Zeit zu strukturieren.[138]

2.1. Arbeit als Integrationshilfe in die Beziehungsgeflechte „Betrieb" und „soziales Umfeld"

Arbeit hat darüber hinaus aber auch die wichtige Aufgabe, Menschen in zwei soziale Beziehungsgeflechte zu integrieren: Zum einen in das betriebliche, in dem sich Arbeitskollegen und Vorgesetzte befinden und zum anderen in das außerbetriebliche, in dem sich die Familie, Freunde, Nachbarn usw. befinden. Die Integration in diese beiden Geflechte geht schließlich einher mit sozialer Anerkennung: Wenn je-

---

[136] Vgl. Kronauer, M. (2002): Exklusion - Die Gefährdung des Sozialen im hoch entwickelten Kapitalismus.
[137] Vgl. Promberger, M. (2008): Arbeit, Arbeitslosigkeit und soziale Integration, in: Aus Politik und Zeitgeschichte, Heft 42/2008, S. 8.
[138] Vgl. Promberger, M. (2008): Arbeit, Arbeitslosigkeit und soziale Integration, in: Aus Politik und Zeitgeschichte, Heft 42/2008, S. 9.

mand arbeitet und in die entsprechenden Beziehungsgeflechte integriert ist, gilt er (oder auch sie) als wertvolles Subjekt, das seine Aufgaben, Rollen und Funktionen erfüllt. Dazu gehört auch, dass jemand sich selbst und seine Angehörigen ernährt, durch Steuer- und Sozialversicherungszahlungen seinen Beitrag für die Solidargemeinschaft leistet und durch Konsumieren am wirtschaftlichen Kreislauf teilnimmt. Arbeit erzeugt daher nicht nur soziale Integration, sondern auch soziale und gesellschaftliche Anerkennung.[139]

2.2. Arbeitslosigkeit als erlebte Lebenskrise

Was passiert nun, wenn Menschen ihre Arbeit verlieren? Was fehlt ihnen? Wie erleben sie diese Situation? Und wie sieht ihre Interessenlage aus?

Als erstes ist festzuhalten, dass der Verlust der Arbeit mit dem Verlust des Einkommens einhergeht. Durch das Arbeitslosengeld I wird zwar bis zu 67 % des letzten Nettoeinkommens gezahlt, je nach Lebensstandard bedeutet dies jedoch, sich mehr oder weniger einschränken zu müssen. Liebgewonnene Selbstverständlichkeiten, wie z.B. ein Kinobesuch, ein Urlaub oder die Hobbypflege, werden jetzt zum Luxus und ein nicht Wahrnehmen kann als Statusverlust empfunden werden.[140] Gleichzeitig finden sich die Betroffenen in der Situation wieder, viel Zeit zu haben, die sie nunmehr selbst strukturieren müssen.

Darüber hinaus leiden die Betroffenen häufig unter der Angst, ihre soziale und gesellschaftliche Anerkennung zu verlieren. Wobei diese Angst weniger ausgeprägt ist bei Betroffenen, denen es leichter fällt, eine andere gesellschaftliche Rolle oder Tätigkeit einzunehmen, weil diese von der Gesellschaft anerkannt wird. Dazu gehört beispielsweise eine Frau, die sich auf die Rolle als Hausfrau und Mutter zurückzieht

---

[139] Vgl. Promberger, M. (2008): Arbeit, Arbeitslosigkeit und soziale Integration, in: Aus Politik und Zeitgeschichte, Heft 42/2008, S. 9.
[140] Vgl. Kronauer, M. (2002): Exklusion - Die Gefährdung des Sozialen im hoch entwickelten Kapitalismus.

oder Betroffene, die ehrenamtliche und unbezahlte Tätigkeiten übernehmen. Bei diesen Betroffenen kann auch festgestellt werden, dass sie weniger unter den psychischen Auswirkungen von Arbeitslosigkeit leiden.[141] Diese stellen sich vielfältig dar und sind in Abhängigkeit von der Dauer der Arbeitslosigkeit zu sehen. Untersuchungen zeigen in diesem Zusammenhang auf, dass negative Einflüsse auf die Psyche in den ersten Monaten oft eher als gering zu betrachten sind. In dieser Zeit gehen die meisten Menschen noch davon aus, dass sie bald wieder eine Arbeit finden. Erst mit zunehmender Dauer der Arbeitslosigkeit kommt es zu negativen Effekten.[142] Langanhaltende Arbeitslosigkeit kann schließlich zu Depressionen, psychosomatischen Beschwerden, Suchterkrankungen und allgemeinen Störungen des Wohlbefindens führen.[143]

An diesem Punkt zeigt sich, dass es dem unbedingten Eigeninteresse eines Arbeitslosen entspricht, Arbeit zu haben und zu behalten, weil diese die Voraussetzung für soziale Integration und gesellschaftliche Anerkennung bildet.[144]

2.3. Gesellschaftspolitische Wirkung von Arbeitslosigkeit

Auch andere Effekte sind möglich, wie eine Langzeitstudie zeigt, bei der Jugendliche aus der ehemaligen DDR mit dem Geburtsjahr 1973 über 20 Jahre begleitet wurden. In der Grundgesamtheit befanden sich im Untersuchungszeitraum bis zu 40 % mit unterschiedlicher Dauer in der Arbeitslosigkeit. Insbesondere bei den Langzeitarbeitslosen wird

---

[141] Vgl. Frese, M. (2008): Arbeitslosigkeit - Psychologische Perspektive, in: Aus Politik und Zeitgeschichte, Heft 42/2008, S. 23.
[142] Vgl. Kronauer, M./Vogel, B./Gerlach, F. (1992): Im Schatten der Arbeitsgesellschaft; Frese, M. (2008): Arbeitslosigkeit - Psychologische Perspektive, in: Aus Politik und Zeitgeschichte, Heft 42/2008, S. 23.
[143] Vgl. Frese, M. (2008): Arbeitslosigkeit - Psychologische Perspektive, in: Aus Politik und Zeitgeschichte, Heft 42/2008, S. 22.
[144] Vgl. Kronauer, M. (2002): Exklusion - Die Gefährdung des Sozialen im hoch entwickelten Kapitalismus.

ein erheblicher Vertrauensverlust in das derzeitige Gesellschaftssystem deutlich, der gespeist wird von dem Gefühl, von der Politik im Stich gelassen zu werden. Darüber hinaus zeigt die Studie auch einen direkten Zusammenhang zwischen Arbeitslosigkeit und Kinderlosigkeit auf: Der Kinderwunsch ist bei jenen, die mehrfach arbeitslos oder zum Untersuchungszeitpunkt arbeitslosen waren, deutlich geringer ausgeprägt ist als bei jenen, die nie arbeitslos waren.[145]

Arbeitslosigkeit hat also nicht nur Auswirkungen auf das Individuum, sondern auf die gesamte Gesellschaft und kann daher auch nicht als Einzelproblem betrachtet und behandelt werden. Vielmehr sollte es das Interesse der Gesellschaft sein, den von Arbeitslosigkeit Betroffenen Unterstützung bei der Wiederherstellung und/oder Aufrechterhaltung ihrer sozialen Integration zu bieten.

---

[145] Vgl. Förster, P./Brähler, E./Stöbel-Richter, Y./Berth, H. (2008): Die „Wunde Arbeitslosigkeit": Junge Ostdeutsche, Jg. 1973, in: Aus Politik und Zeitgeschichte, Heft 42/2008, S. 38ff.

3. Fremdinteressen: Die Bundesagentur als Vertreterin vielfältiger gesellschaftlicher Interessen

Nachdem deutlich geworden sein dürfte, dass Arbeitslose ein unbedingtes Eigeninteresse daran haben, wieder Arbeit zu erhalten, stellt sich die Frage, welche Interessenlagen von außen an sie heran getragen werden. Es interessiert aber auch die Frage, ob Arbeitslose für ihre Interessen Unterstützung erhalten.

3.1. *Gesetzesauftrag zur Beratung von Arbeitslosen*

- Die erste Anlaufstelle bei Arbeitslosigkeit ist i.d.R. die Bundesagentur für Arbeit (BA), die durch den Gesetzgeber mit vielfältigen Aufgaben und Machtbefugnissen ausgestattet wurde. In erster Linie ist die BA eine Leistungsbehörde (§ 3 SGB III), die zur Vermittlung in Arbeit unterschiedliche Leistungen/Maßnahmen vorhält. Die wichtigste Leistung ist neben der Zahlung des Arbeitslosengeldes I und der Finanzierung von Maßnahmen zur beruflichen Eingliederung, die Durchführung von Beratungsgesprächen zur Teilnahme am Arbeitsleben (§ 29 Abs. 1 SGB III). Die Art und der Umfang der Beratung richten sich dabei nach dem Beratungsbedarf des einzelnen Ratsuchenden (§ 29 Abs. 2 SGB III). Der Begriff des Ratsuchenden ist dabei nicht an den Status „arbeitssuchend/arbeitslos" gebunden. D.h., bei der Beratungsleistung handelt es sich zunächst um eine allgemeine Leistung. Unter „Beratung" ist dabei die Berufsberatung gemäß § 30 Abs. 1 SGB III zu verstehen. Diese umfasst die Erteilung von Auskunft und Rat

- zur Berufswahl, beruflichen Entwicklung und zum Berufswechsel,

- zur Lage und Entwicklung des Arbeitsmarktes und der Berufe,
- zu den Möglichkeiten der beruflichen Bildung,
- zur Ausbildungs- und Arbeitsplatzsuche,
- zu Leistungen der Arbeitsförderung.

Bei der Berufsberatung sind Neigung, Eignung und Leistungsfähigkeit der Ratsuchenden sowie die Beschäftigungsmöglichkeiten zu berücksichtigen (§ 31 Abs. 1 SGB III).

Die Beratungsleistung wird allerdings für Arbeitslose[146] zur Verpflichtung. Im Rahmen von sogenannten „Erstgesprächen" soll durch die Arbeitsvermittler(innen) eine Potenzialanalyse durchgeführt (§ 37 Abs. 1 SGB III) und eine Eingliederungsvereinbarung (§ 37 Abs. 2 SGBIII) geschlossen werden. In der Eingliederungsvereinbarung soll das Eingliederungsziel, die Vermittlungsbemühungen der Agentur für Arbeit, die Eigenbemühungen der Arbeitslosen und die vorgesehenen Leistungen der aktiven Arbeitsförderung festgehalten werden. Die Eingliederungsvereinbarung ist dem Arbeitslosen auszuhändigen und sich ändernden Verhältnissen anzupassen. Wenn eine Eingliederungsvereinbarung nicht zustande kommt, sind die Eigenbemühungen per Verwaltungsakt festzusetzen.

3.2. Die Bundesagentur als Vertreterin vielfältiger Interessen

Insgesamt zeigen die Gesetzesformulierungen, dass zum einen ein Rechtsanspruch auf Unterstützungsleistungen der BA besteht. Dazu gehört auch die Berufsberatung, die breit ausgelegt wird. Zum anderen wird deutlich, dass auf die Kooperationswilligkeit der Arbeitslosen gesetzt wird. Beides soll dadurch unterstrichen werden, dass Arbeitslose

---

[146] Wenn im Folgenden die Rede von Arbeitslosen ist, sind Arbeitssuchende eingeschlossen. Arbeitssuchende sind Menschen, die noch in Beschäftigung stehen, die aber zu einem bestimmten Termin endet (§ 122 Abs. 1 SGB III).

nicht mehr als Arbeitslose, sondern als „Kunden" betitelt werden. Mit dem Begriff soll u. a. suggeriert werden, dass Arbeitslose souveräne Menschen sind, die die BA vor dem Hintergrund erworbener Ansprüche als Dienstleister in Anspruch nehmen.

Allerdings: Die Bundesagentur ist nicht nur eine Leistungsbehörde, sondern auch eine Interessenvertreterin. Die Interessen speisen sich aus einer Vielzahl von Aufgaben, die die Bundesagentur zu leisten hat, die sich einerseits aus dem Gesetzesauftrag und andererseits aus politischen Willensbildungsprozessen ergeben. Dazu gehört u.a., dass die BA das Sozialstaatsprinzip realisiert, Ungleichheit abbauen und Chancengleichheit herstellen soll. Gleichzeitig soll sie arbeitsmarktpolitische Ziele wie Verbesserung der Beschäftigtenstruktur, Förderung des Wirtschaftswachstums, zügige Besetzung offener Stellen und zügige Vermittlung von Arbeitslosen usw. verwirklichen. Diese Aufgabenvielfalt führt zu großen gesellschaftspolitischen Erwartungshaltungen und damit zu einem großen Erfolgsdruck. Folge dieser unterschiedlichen Aufgaben und Ansprüche ist, dass Zielstellungen und Interessenlagen entstehen, die konträr zueinander stehen. Letztlich entstehen Zielkonflikte, aus denen sich auch Interessenkonflikte entwickeln, die Auswirkungen auf den Beratungsprozess haben.

3.3. Ziel- und Interessenkonflikte 1: Begrenzung der Ressourcen

Der erste Ziel- und Interessenkonflikt ergibt sich aus der Begrenzung der einzusetzenden Ressourcen. Wie bereits beschrieben, soll die Berufsberatung individuell und ressourcenorientiert gestaltet werden. Die Ursprungsidee hierzu war, dem Arbeitslosen nach Bedarf Handlungsoptionen anzubieten, die ihn dabei unterstützen, neue Beschäftigungsperspektiven zu entwickeln und umzusetzen.[147] Dem gegenüber stand bzw. steht die Krise der öffentlichen Finanzhaushalte, die dazu führte bzw. zukünftig noch stringenter dazu führen wird, dass Unter-

---

[147] Vgl. Kommission (2002): Moderne Dienstleistungen am Arbeitsmarkt, S. 45.

stützungsleistungen zur Integration von Arbeitslosen nur dann vergeben werden, wenn die eingesparten Leistungsbezüge die finanziellen Aufwendungen übersteigen, die zur Integration erforderlich sind.[148] Gesetzlich verankert findet sich dieser Grundsatz im § 7 SGB III (Auswahl von Leistungen der aktiven Arbeitsförderung). Gemäß dieser Regelung hat die BA bei der Auswahl von Ermessensleistungen der aktiven Arbeitsförderung unter Beachtung des Grundsatzes der Wirtschaftlichkeit und Sparsamkeit die für den Einzelfall am besten geeignete Leistung oder Kombination von Leistungen zu wählen. Dabei ist grundsätzlich auf

- die Fähigkeiten der zu fördernden Personen,
- die Aufnahmefähigkeit des Arbeitsmarktes und
- den anhand der Ergebnisse der Beratungs- und Vermittlungsgspräche ermittelten arbeitsmarktpolitischen Handlungsbedarf abzustellen.

Seinen Niederschlag findet das Wirtschaftlichkeitsprinzip u.a. in der Implementierung von betriebswirtschaftlichen Instrumenten zur Ressourcensteuerung. Dazu gehört, den Arbeitslosen einer Kundengruppe zuzuordnen. Entsprechend dieser Zuordnung gestalteten sich auch die Leistungen der Arbeitsförderungen, die sich in sogenannten Handlungsprogrammen widerspiegelten. Hierzu wurden zunächst folgende vier Kundengruppen gebildet:[149]

1) Marktkunden, die zur Integration lediglich einen kleinen Impuls benötigen. Hier wird davon ausgegangen, dass insgesamt nur ein geringer Ressourceneinsatz notwendig ist.

---

[148] Vgl. Bundesagentur für Arbeit (2003): Führung in der neuen BA - Gesamtkonzept Steuerung und Controlling - Abschluss der Konzeptphase vom 05.08.2003, S. 11.

[149] Vgl. Bundesagentur für Arbeit (2007): Leitfaden Handlungsprogramme Arbeitnehmer und Arbeitgeber vom 12.02.2007, S. 11.

2) Beratungskunden (Aktivieren), die zur Integration der Aktivierung bedürfen. Ihre Qualifikation wird prinzipiell am Arbeitsmarkt nachgefragt, aber der Arbeitslose hat Defizite im Bereich Einstellung/Motivation. Bei dieser Kundengruppe wird davon ausgegangen, dass ein Ressourceneinsatz notwendig und sinnvoll ist.

3) Beratungskunden (Fördern), die vor allem Unterstützung im Bereich Qualifikation/Fähigkeiten/Hemmnisse benötigen. Auch bei dieser Kundengruppe wird davon ausgegangen, dass ein Ressourceneinsatz notwendig und sinnvoll ist.

4) Betreuungskunden, deren Qualifikationen am regionalen und fachlichen Arbeitsmarkt nicht nachgefragt werden und damit in negativer Lesart dem § 7 Nr. 1 und 2 SGB III entsprechen. Bei dieser Kundengruppe wurde davon ausgegangen, dass diese „…wegen ihrer komplexen persönlichen Hemmnisse keine kostenintensiven, auf Integration ausgerichtete Produkte, jedoch zahlreiche andere Unterstützungsleistungen"[150] benötigten.

Der vorrangige Ressourceneinsatz sollte somit im Schwerpunkt auf Beratungskunden, für den der Mitteleinsatz als rentabel eingestuft wird, gelegt werden. Für die betroffenen Arbeitslosen der Kundengruppe 4 bedeutete diese Regelung, dass ihre Interessen bzw. Bedarfe nicht in dem Maße wahrgenommen werden sollten, wie die der anderen Kundengruppen. Aufgrund von politischem Druck aus unterschiedlichen Richtungen wurde diese Vorgehensweise mittlerweile revidiert, so dass auch für Betreuungskunden Ressourcen zur Verfügung gestellt werden.

Mittlerweile wurde dieses Modell durch die Implementierung des „4-Phasen-Modells der Integrationsarbeit" abgelöst, mit dem ein Rechts-

---

[150] Vgl. Bundesagentur für Arbeit (2007): Leitfaden Handlungsprogramme Arbeitnehmer und Arbeitgeber vom 12.02.2007, S. 17.

kreisübergreifendes (SGB II + III) Instrument geschaffen werden soll. Im Rahmen dieses Modells wird sich jetzt an den vier Kernelementen des Integrations- bzw. Vermittlungsprozesses

- Profiling,
- Zielfestlegung,
- Strategieauswahl und
- Umsetzung

orientiert.[151]

In dem Modell werden die vier Kundengruppen zwar beibehalten, die Gruppe der Betreuungskunden aber weiter in „Betreuungskunden fördern" und „Betreuungskunden qualifizieren" differenziert und die Handlungsprogramme für diese Gruppen angepasst. Nichts desto trotz bleibt das Gebot der Wirtschaftlichkeit bestehen und es bleibt abzuwarten, wie sich dieses im Rahmen des neuen Modells für die Gruppe der Betreuungskunden, aber auch für die anderen Kundengruppen, bemerkbar machen wird.

Aber nicht nur der § 7 SGB III birgt die Gefahr, dass Interessen der Arbeitslosen nur wenig oder keine Berücksichtigung finden. Im § 4 SGB III findet sich der Grundsatz, wonach die Vermittlung in Arbeit Vorrang vor allen anderen Leistungen der aktiven Arbeitsförderung hat. Dem Grundsatz folgend ergibt sich, dass die Interessenlage eines Arbeitslosen keine Berücksichtigung findet, wenn er in einem Beruf tätig ist, dessen Marktchancen als gut zu bezeichnen sind, den er aber aus unterschiedlichen Gründen nicht mehr ausüben will. Hier gerät er schnell in Verdacht, nicht arbeiten zu wollen, mit der Folge, in die Kundengruppe „Beratungskunden Aktivieren" eingruppiert zu werden.

---

[151] Vgl. Bundesagentur für Arbeit (2009): HEGA 04/09 – 12 – Flächeneinführung 4-Phasen-Modell der Integrationsarbeit.

Es gibt allerdings auch eine positive Lesart aus Sicht der Arbeitslosen und Beitragszahler: Mit dem geschilderten Ressourcenumgang soll sichergestellt werden, dass mit den von den Arbeitnehmern und Arbeitsgebern geleisteten Beiträgen sorgfältig umgegangen wird. Der sorgfältige Umgang hatte bis zum Beginn der Finanzkrise deutlich spürbare Effekte, sowohl für Arbeitnehmer als auch für Arbeitgeber: Zum einen wurde der Beitragssatz in den letzten Jahren von 6,5 % auf aktuell 2,8 % gesenkt und zum anderen konnten Rücklagen in Höhe von rund 17 Milliarden Euro gebildet werden.[152] Diese wurden in 2009 eingesetzt, um Kurzarbeit zu finanzieren und damit Arbeitslosigkeit zu verhindern. Für Arbeitslose hat dieser Umgang mit Ressourcen zudem den positiven Effekt, dass finanzielle Mittel vorgehalten werden können, um Leistungen der aktiven Arbeitsförderung im weitesten Sinne zu finanzieren. Dazu gehört u.a. die Förderung von innovativen Projekten (§ 421h SGB III), ohne die eine Weiterentwicklung von Förderinstrumenten zur Arbeitsmarktintegration nicht oder nur unter erschwerten Bedingungen erfolgen könnte.

Es zeigt sich also insgesamt, dass der bewusste Einsatz von Ressourcen dem Interesse des Arbeitslosen entsprechen, aber auch seiner Interessenlage entgegen stehen kann.

---

[152] Vgl. Bundesagentur für Arbeit (2009): Finanzentwicklung in der Arbeitslosenentwicklung, Geschäftsjahr 2009, Dezember 2009, S. 3.

3.4. Ziel- und Interessenkonflikte 2: Das doppelte Mandat in der Beratung

Wie zuvor beschrieben, ist die Bundesagentur eine Leistungsbehörde. Arbeitslose, die zuvor Beiträge geleistet haben, haben das Recht, Gegenleistungen, wie z.b. Arbeitslosengeld oder Berufsberatung einzufordern. Allerdings ergeben sich gleichzeitig auch Verpflichtungen, die Arbeitslose zu erfüllen haben. Hierzu gehört gemäß § 119 SGB III im Rahmen der Eigenbemühungen, alle Möglichkeiten zur beruflichen Eingliederung zu nutzen. Hierzu gehören insbesondere die Wahrnehmung der Verpflichtungen aus der Eingliederungsvereinbarung, die Mitwirkung bei der Vermittlung durch Dritte und die Inanspruchnahme der Selbstinformationseinrichtungen der Agentur für Arbeit. Kommt der Arbeitslose dieser Verpflichtung nicht nach, so können Sperrzeiten (§ 144 SGB III) bis zu 12 Wochen verhängt werden.

Beratung wird vor diesem Hintergrund zur Beratung unter Zwang.[153] Den Arbeitsvermittler(innnen) kommt dabei eine besondere Rolle zu: Einerseits sollen sie den Arbeitslosen motivieren, beraten und zusammen mit ihm gemeinsame Handlungsschritte entwickeln und festlegen. Andererseits sollen sie den Arbeitslosen kontrollieren und sanktionieren. Aus Sicht der Arbeitslosen, aber auch aus der Sicht der Arbeitsvermittler(innen) ergibt sich aus dieser konträren Aufgabenstellung ein doppeltes Mandat, das auf beiden Seiten zu Interessenkonflikten und Verunsicherung führen kann.

In dieser Situation kommt es daher im besonderen Maße darauf an, „…wie die Vermittlerin und der Vermittler die Besonderheit des Falles mit dem Allgemeinen der Institution (Arbeitslosenversicherung) und der Organisation (BA/Agentur) zusammenführen".[154] Der Arbeitslose

---

[153] Vgl. Hielscher, V./Ochs, P. (2009): Arbeitslose als Kunden? Beratungsgespräche in der Arbeitsvermittlung zwischen Druck und Dialog, S. 33.
[154] Vgl. Hielscher, V./Ochs, P. (2009): Arbeitslose als Kunden? Beratungsgespräche in der Arbeitsvermittlung zwischen Druck und Dialog, S. 35.

wird dabei zum Ko-Produzenten in einem Prozess, der durch ein Minimum an Vertrauen geprägt sein sollte.[155] Den Arbeitsvermittler(innen) kommt also die Aufgabe zu, den Spagat zwischen den Interessen des Arbeitslosen, dem Gesetzesauftrag und weiteren institutionellen Anforderungen zu vollziehen. Wie *Hielscher/Ochs* feststellen konnten, wird mit dieser Situation sehr unterschiedlich umgegangen. Im Rahmen von Hospitationen von 42 Erstgesprächen entwickelten sie eine Typologie von Dienstleistungsinteraktion in der Arbeitsvermittlung,[156] um den Umgang mit den unterschiedlichen Interessenlagen abzubilden. Insgesamt haben sie folgende Interaktionstypen herausgearbeitet:[157]

1. Unterstützend auf die Person bezogene Dienstleistungsinteraktion: Bei diesem Typus zeichnet sich die Gesprächsgestaltung durch ein fragendes Sich-Herantasten an das Anliegen und die Bedarfe aus: Dies geschieht durch das Eruieren der Perspektiven und Präferenzen des Kunden während der Job-Suche sowie durch das Eingehen auf die Rahmenbedingungen und Restriktionen, die für das Anliegen des Arbeitsuchenden relevant sind.

2. Aushandelnde Dienstleistungsinteraktion: Bei diesem Typus stand am Ende der Aushandlungssequenz ein Kompromiss. Der Anspruch der Vermittlungskraft auf möglichst schnelle Vermittlung wurde rhetorisch relativiert oder partiell zurückgenommen. Zugleich wurde seitens der Arbeitssuchenden rhetorisch ein Einvernehmen mit der Vermittlungsstrategie signalisiert. Beide Ge-

---

[155] Vgl. Hielscher, V./Ochs, P. (2009): Arbeitslose als Kunden? Beratungsgespräche in der Arbeitsvermittlung zwischen Druck und Dialog, S. 36.
[156] Wobei anzumerken ist, dass die Grundgesamtheit von 42 Gesprächen als zu gering zu erachten ist, um eine Typologie zu erstellen. Dies wird auch von Hielscher/Ochs (2009) kritisch angemerkt. Die hier vorliegende Studie muss daher eher als der erste Versuch verstanden werden, eine Typologie zu entwerfen.
[157] Vgl. Hielscher, V./Ochs, P. (2009): Arbeitslose als Kunden? Beratungsgespräche in der Arbeitsvermittlung zwischen Druck und Dialog, S. 81ff.

sprächsverläufe zeichneten sich durch ein hohes Aktivitätsniveau sowohl der Kunden als auch der Vermittlungskräfte aus.

3. „Als-ob"-Interaktion: Dieser Interaktionstyp zeichnet sich dadurch aus, dass beide Akteure Rollen inszenieren, die sie jeweils „systemkonform" erscheinen lassen. Die Kunden treten sehr defensiv auf und vermeiden alle Einlassungen, die evtl. Rechtsfolgen für sie haben könnten. Die Vermittlungskraft produziert eine zu den Handlungsprogrammen konsistente Abwicklung des Gesprächs, ohne dabei auf die eigentlichen Interessen, Strategien und Bedürfnissen des Kunden einzugehen. Die schnelle Vermittlung steht im Mittelpunkt.

4. „Bürokratische" Interaktion: Bei dieser Interaktionsform agieren beide Seiten aneinander vorbei. Das Gespräch ist wie bei 3. im hohen Maße vorstrukturiert. Die Prozessstruktur wird als „Herrschaft der Verwaltung" zur eigentlichen Form und zum Inhalt der Interaktion. Die „saubere" Abarbeitung des formalen Gesprächsverlaufes steht im Vordergrund. Bei diesem Typus ist der beraterische Kern der Interaktion verloren gegangen. Es besteht von Seiten des Arbeitsvermittlers kein wirkliches Interesse an der Situation des Arbeitslosen.

5. Dienstleistungsinteraktion als Abwehr von Ansprüchen: Der Arbeitsvermittler oder beide Akteure sind bestrebt, in den Gesprächsverläufen erkennbare Bedarfe und Anliegen abzuwehren. Ein dem Arbeitslosen zugewandtes Eingehen und Eruieren des Bedarfs und der Situation fehlen völlig. Die abwehrende Haltung wird mit funktionalen Argumenten begründet (z.B. „Bin ich nicht für zuständig"). Anliegen der Kunden werden mit Deutungsanspruch und entsprechenden Veranlassungen neutralisiert und gegen das Kundeninteresse durchgesetzt.

Hielscher/Ochs[158] kommen zu dem Schluss, dass die Typen 1 und 2 erfolgreich in der Interaktion im Sinne einer ko-produktiven Zusammenarbeit mit den Arbeitslosen waren. Das spiegelte sich auch in den Bewertungen der Arbeitslosen wieder, die alle positiv waren. Die Typen 3 bis 5 hatten große Schwierigkeiten, eine ko-produktive Zusammenarbeit zu initiieren. Sie mussten und müssen gegen Widerstände agieren, was viel Kraft und Energie kostet und letztlich zur Unzufriedenheit bei den Arbeitslosen führt.

Für Arbeitslose bedeutet dies zusammengefasst, dass die Berücksichtigung ihrer Interessen maßgeblich von der Person des Arbeitsvermittlers/der Arbeitsvermittlerin, seinem/ihrem Umgang mit dem doppelten Mandat und den institutionellen Anforderungen abhängen.

---

[158] Vgl. Hielscher, V./Ochs, P. (2009): Arbeitslose als Kunden? Beratungsgespräche in der Arbeitsvermittlung zwischen Druck und Dialog, S. 105ff.

4. Fazit und Ausblick

Die Ausführungen zeigen, dass sich Arbeitslose in einem Spannungsfeld zwischen Eigen- und Fremdinteressen bewegen. Die Eigeninteressen werden dabei aus den unterschiedlichsten Bedürfnissen, wie z.b. das nach gesellschaftlicher Anerkennung oder finanziellen Mitteln zum Konsum, gespeist. Fremdinteressen gegenüber Arbeitslosen werden hauptsächlich durch die Bundesagentur für Arbeit wahrgenommen. Hierzu gehört insbesondere die Umsetzung von rechtlichen Vorschriften, wie sie im SGB III definiert sind. Dabei kommt es zu der Situation, dass Arbeitsvermittler als Umsetzer dieser Rechtsvorschriften ein doppeltes Mandat innehaben. Dieses beinhaltet einerseits die Rechtsansprüche der Arbeitslosen z.b. durch (Berufs-) Beratung aufzunehmen und umzusetzen, und andererseits kontrollierend und sanktionierend tätig zu werden. Dabei hängt der Umgang mit diesem doppelten Mandat wesentlich von der Person des Arbeitsvermittlers/der Arbeitsvermittlerin ab.

Kritisch betrachtet, ergibt sich für die Bundesagentur als Vertreterin von Fremdinteressen die Situation, dass sie zu einer Fürsorgeeinrichtung wird, die helfen soll, Notlagen zu überwinden und damit auch den Interessen von Arbeitslosen zu dienen, dabei aber in Gefahr steht, die Notlage durch ihre Handlungsweise zu verschärfen. Es wurden zwar neue Formen der Beratung und Begleitung der Arbeitslosen mit dem Ziel eingeführt, die Zeit der Abhängigkeit von Unterstützungsleistungen zu verkürzen und Sozialkosten zu sparen, was auch der Interessenlage von Arbeitslosen entspricht. Allerdings wird diese finanzielle Hilfe an die Mitwirkungspflicht der Arbeitslosen gebunden. Die Behörde ihrerseits kann jedoch einen Erfolg der Maßnahme – vor allem vor dem Hintergrund der anhaltend hohen Arbeitslosigkeit – nicht garantieren. Arbeitslose können aber an der Erfüllung der Bedingungen scheitern.[159]

Aus dieser Situation ergibt sich letztlich ein Verhältnis zwischen Arbeitslosen und Bundesagentur, das *Kronauer* wie folgt beschreibt: Die Betroffenen werden bei Einbindung in staatliches Handeln zu dessen Objekt, bei dem alle Wechselseitigkeiten im sozialen Verhältnis gekappt sind. Es herrscht eine einseitige und vereinzelte Abhängigkeit vor. Der Betroffene (Arbeitslose) als Fürsorgeempfänger hat seinerseits keine Möglichkeit, einen Gegendruck zu erzeugen. Der Betroffene (Arbeitslose) hat zwar das Recht, die Fürsorge einzuklagen, aber worin die Hilfeleistung besteht, „darauf hat er jedoch keinerlei Einfluss. Sie wird ihm zugemessen".[160] Dabei besteht die große Gefahr, dass das, was zugemessen wird, nicht dem Interesse des Arbeitslosen entspricht und somit an seinen persönlichen Bedürfnissen vorbei geht.

Abhilfe könnte dadurch geschaffen werden, dass die (Berufs-)Beratung bewusst als kooperativer Aushandlungsprozess zwischen zwei Partnern (Arbeitsloser/Arbeitsvermittler) verstanden wird, die als gemeinsames Ziel die Integration in Arbeit formulieren. Dazu müssen u.a. die beraterischen Kompetenzen der Arbeitsvermittler(innen) auf- und ausgebaut werden. Als positiv ist dabei zu vermerken, dass dieses Ziel bereits 2007 als geschäftspolitisches Ziel wie folgt formuliert wurde: „…Beratung [zählt] zum Kerngeschäft der BA und ist als ein zentrales Element der Reform nachhaltig zu verbessern".[161] Mit der Einführung einer Beratungskonzeption in 2009 soll ein erster Schritt unternommen werden, die Beratungsqualität zu steigern. Es bleibt daher abzuwarten, wie sich die Beratungsqualität zukünftig entwickeln wird.

---

[159] Vgl. Kronauer, M. (2002): Exklusion - Die Gefährdung des Sozialen im hoch entwickelten Kapitalismus, S. 188.
[160] Vgl. Kronauer, M. (2002): Exklusion - Die Gefährdung des Sozialen im hoch entwickelten Kapitalismus, S. 188.
[161] Vgl. Bundesagentur für Arbeit (2009a): HEGA 12/08 - 50 - Steigerung der Beratungsqualität vom 20.12.2008.

Literatur

Bundesagentur für Arbeit (2003): Führung in der neuen BA - Gesamtkonzept Steuerung und Controlling - Abschluss der Konzeptphase vom 05.08.2003, Nürnberg.

Bundesagentur für Arbeit (2007): Leitfaden Handlungsprogramme Arbeitnehmer und Arbeitgeber vom 12.02.2007, Nürnberg.

Bundesagentur für Arbeit (2009): HEGA 12/08 - 50 - Steigerung der Beratungsqualität vom 20.12.2008, Nürnberg.

Bundesagentur für Arbeit (2009): HEGA 04/09 – 12 – Flächeneinführung 4-Phasen-Modell der Integrationsarbeit, Nürnberg.

Bundesagentur für Arbeit (2009): Finanzentwicklung in der Arbeitslosenentwicklung, Geschäftsjahr 2009, Dezember 2009, Nürnberg.

Frese, M. (2008): Arbeitslosigkeit: Psychologische Perspektive, in: Aus Politik und Zeitgeschichte, Heft 42/2008, S. 22 – 25.

Förster, P./Brähler, E./Stöbel-Richter, Y./Berth, H. (2008): Die „Wunde Arbeitslosigkeit": Junge Ostdeutsche, Jg. 1973, in: Aus Politik und Zeitgeschichte, Heft 42/2008, S. 33 – 43.

Hielscher, V./Ochs, P. (2009): Arbeitslose als Kunden? Beratungsgespräche in der Arbeitsvermittlung zwischen Druck und Dialog, Berlin.

Kommission (2002): Moderne Dienstleistungen am Arbeitsmarkt - Vorschläge der Kommission zum Abbau der Arbeitslosigkeit und zur Umstrukturierung der Bundesagentur für Arbeit, Berlin.

Kronauer, M. (2002): Exklusion - Die Gefährdung des Sozialen im hoch entwickelten Kapitalismus, Frankfurt/NewYork.

Kronauer, M./Vogel, B./Gerlach, F. (1992): Im Schatten der Arbeitsgesellschaft - Arbeitslose und die Dynamik sozialer Ausgrenzung, Frankfurt/New York.

Promberger, M. (2008): Arbeit, Arbeitslosigkeit und soziale Integration, in: Aus Politik und Zeitgeschichte, Heft 42/2008, S. 7 – 15.

**Mitarbeiter in Zeiten der Krise - Kann in Prozessen externer Beratung die Artikulation und Förderung von Mitarbeiterinteressen gestärkt werden?
Eine Podiumsdiskussion anlässlich der Fachtagung „Beratung und Arbeitnehmerinteressen" am 20.11.2009 an der Hochschule Wismar**
Sabine Mönch-Kalina (Gesprächsmoderation)

Frau Prof. Dr. Sabine Mönch-Kalina ist seit über 25 Jahren Gewerkschaftsmitglied. Während dieser Zeit arbeitete sie sechs Jahre als Betriebsratsvorsitzende in einem größeren Unternehmen und hat sechs weitere Jahre in der Leitung eines sehr großen Unternehmens aus Mecklenburg-Vorpommern mitgewirkt. Des Weiteren war sie als Verbraucherberaterin aktiv. Aufgrund dieser Erfahrungen hat sie die Beraterthematik aus verschiedenen Sichtweisen kennengelernt: als Beraterin, Arbeitnehmervertreterin und in der Unternehmensleitung. Außerdem engagiert sie sich für das Thema „Familie und Beruf" und arbeitet als Expertin in einem Fachgremium, welches diesen Bereich unterstützt und in Unternehmen publiziert.

Herr Frank Meissner arbeitet für den DGB Bundesvorstand im Projekt „Vereinbarkeit von Familie und Beruf gestalten". Hauptziel dieses Projektes ist die Sensibilisierung der Vereinbarkeit von Familie und Beruf, der Bildungseinrichtungen und der Interessenvertretung. Er sieht das Problem der Akzeptanz dieses Themas.

Herr Wilfried Fuchs kommt von der Firma Otheb in Kiel, welches für MitarbeiterInnen großer Unternehmen Mitarbeiterunterstützungsprogramme anbietet. Diese Programme beinhalten, dass sich die MitarbeiterInnen 24 Stunden zu allen Themen des Lebens äußern können. Hierzu gehören Problemlagen, die sowohl aus dem betrieblichen als auch aus dem privaten Kontext kommen.

Frau Bärbel Bracker ist als fachliche Leitung in dem Unternehmen „FITS job konzepte GmbH" verantwortlich für Mitarbeiterberatung, Mitarbeiterführung sowie Beantwortung aller „Wie?"- Fragen. Das Unternehmen arbeitet vor allem mit Menschen, die beruflich im Umbruch sind und von der Arbeitsagentur kommen. Es gilt dann der Auftrag, diese Kunden aus den Rechtskreisen des SGB II und III zu beraten, zu vermitteln und zu qualifizieren.

Herr Prof. Dr. Thomas Weiß war als Professor für Arbeits- und Sozialrecht der ehemaligen Fachhochschule im Deutschen Roten Kreuz Göttingen tätig. Er arbeitet als Fachanwalt für Arbeitsrecht in einer Kanzlei und berät Gewerkschaften, betriebliche Interessenvertreter und Berufsverbände. Der Schwerpunkt seiner Beratungstätigkeit liegt auf innerbetrieblichen Umstrukturierungsmaßnahmen, Privatisierungen und auf der Hilfestellung bei großen Entlassungswellen.

Frau Prof. Dr. Birgit Wiese ist Professorin an der Hochschule der Bundesagentur für Arbeit und dort zuständig für die Beratungsausbildung. Sie arbeitete im Bereich der Sozialpädagogik bzw. Berufspädagogik überwiegend mit jungen Arbeitslosen und hat u.a. den Übergang zwischen Schule und Beruf an einer Schule in Berlin-Kreuzberg begleitet. Diese Erfahrungen bringt sie jetzt in die Lehre mit ein.

Nach einer ersten Vorstellungsrunde moderiert Frau Mönch-Kalina die inhaltliche Diskussion:

Sabine Mönch-Kalina: Hat sich die Notwendigkeit der Inanspruchnahme von Beratungen in den letzten Jahren verändert? Ist die Nachfrage danach gestiegen und sind die Themen andere geworden, Frau Bracker?

Bärbel Bracker: Eigentlich komme ich als Beraterin und auch in meiner Leitungsfunktion mit jedem Thema in Berührung. Dabei handelt es sich z.B. um Fragen des Gesundheitsmanagements in Unternehmen aber auch um ganz spezielle Themen wie Mobbing. Wichtig ist für uns, dass das Thema „Mobbing" so selten wie möglich auftritt und im Unternehmen sofort angegangen wird, um ein wirklich gravierendes Problem nicht entstehen zu lassen. Die Mitarbeiterführung und Personalentwicklung sollten so gestaltet werden, dass möglichen Anfängen einer Konfliktentstehung entgegengewirkt wird. Des Weiteren gehört auch das Thema „Vereinbarkeit von Familie und Beruf" dazu.

Was mich aber den ganzen Tag über beschäftigt hat, ist das Anfangsstatement von Professor Hahne: „Beratung brauche Freiheit und Intuition gleichermaßen". Mit der Freiheit ist es nicht in allen Beratungssituationen gleichermaßen gut bestellt. So kommen beispielsweise bei uns die Kunden, die von der Arbeitsagentur oder der ARGE geschickt werden, häufig nicht freiwillig. Das heißt, sie selbst verlangen meist nicht nach einer Beratung, sondern werden sozusagen verpflichtet, sich diese abzuholen. Daher hat sich das Unternehmen, in dem ich arbeite, zur Aufgabe gemacht, dass jeder von der Arbeitsagentur geschickte Kunde wieder in die Situation versetzt wird, sich entscheiden zu können. Die Beratungsvoraussetzung wird so gestaltet, dass der Kunde sich frei entscheiden kann, ob er die Beratungsleistung annehmen möchte oder nicht. Im Grunde genommen muss sich der Arbeitslose beraten lassen, kann sich aber mit dem Vermittler darauf einigen, welche Beratung für ihn nötig ist. Wir als dritte Träger können sagen, dass der Kunde zwar aufgrund der ARGE die Beratung in Anspruch nehmen muss, er sich aber auch für ein Gehen und somit gegen die Beratung entscheiden kann. Häufig entscheiden sich die Kunden für ein Bleiben, da sie den Konflikt mit den Vermittlern scheuen. Dann ist die erste Basis der Freiwilligkeit geschaffen und wir bieten unsere Arbeitspakete an. Der Kunde hat dann die Freiheit, sich für ein bestimmtes Thema zu entscheiden und dieses als persönlichen Nutzen wahrzunehmen. Wenn er aber gar keine Leistung erhalten möchte, wird er wieder zurück zu dem Arbeitsvermittler geschickt. Freiheit in der Entscheidung muss ernst genommen werden. So kann das Spannungsfeld zwischen freiwilliger Beratung und behördlicher Zwangsmaßnahme abgebaut werden.

Publikum: Es wurden während den Vorträgen die unterschiedlichsten Ansätze und Definitionen der Beratung angesprochen. Was sind aber die Anreize, eine Beratung überhaupt wahr zu nehmen? Zum einen sagte Frau Wiese, dass die Beratung vom Gesetzgeber vorgeschrieben wird, und zum anderen meinte Herr Fuchs, dass die Dienstleistung freiwillig wahrgenommen wird. Frage an Herrn Fuchs: Wie können die Kunden motiviert werden, zu Ihnen zu kommen, und wie wird das Vertrauen zwischen Berater und Kunden gewonnen?

Wilfried Fuchs: Wir definieren die von uns ausgeübte Beratung in die Richtung „Hilfe zur Selbsthilfe". Wir versuchen den MitarbeiterInnen, die sich bei uns melden, innerhalb von 24 Stunden etwas von ihrer eigenen Kompetenz zu vermitteln. Das heißt, wir orientieren uns auf eigene Ressourcen und auf Situationen, die bereits erfolgreich umgesetzt wurden. Wir orientieren uns also daran, was im Arbeitsleben schon funktioniert hat, und nicht darauf, Probleme zu fokussieren. Ziel ist es, dass die anrufenden MitarbeiterInnen ihre Kompetenzen selbst erleben und dass sie selbst erste Schritte gehen.

Wie erreichen wir, dass Mitarbeiter uns ansprechen, war Ihre weitere Frage. Nun, Aufmerksamkeit verschaffen wir uns per Flyer und Visitenkarten, die wir im Unternehmen unter den MitarbeiterInnen verteilen; z.B. zusammen mit der Personalabrechnung. Anschließend nutzen wir verschiedene Möglichkeiten, um an unser Angebot zu erinnern. Unter anderem gehen wir auf Gesundheitstage, welche die Unternehmen veranstalten. Dort sprechen wir dann die MitarbeiterInnen an, oder sie kommen zu uns. Es ist wichtig, dem telefonischen Berater ein Gesicht zu geben, damit die MitarbeiterInnen ihn nicht nur als Telefonstimme kennen. Manchmal reicht es zwar, die Karte zu verschicken, oft wird aber auch persönlich vorgegangen. Auch sind wir bei Betriebsversammlungen präsent, hängen Plakate im Betrieb auf oder stellen uns im Intranet dar. Es gibt also viele Möglichkeiten, immer wieder auf uns und das Beratungstelefon hinzuweisen. Allerdings scheuen wir uns davor, mit großer Werbetrommel eigene Veranstaltungen durchzuführen, um auf uns aufmerksam zu machen. Denn wir wollen keine

Menschen dazu drängen, Probleme zu haben und sich dann bei uns zu melden. Wir wollen Vertrauen schaffen. Dies erreichen wir nicht durch Aufdrängen, sondern indem wir sagen: „Wir sind hier, lieber Mitarbeiter, Du hast das Angebot und Du kannst es, musst es aber nicht nutzen".

Publikum: Ich möchte gerne Herrn Meißner zu dem DGB Projekt fragen. Dieses richtet sich ja vor allem an Gewerkschafter, um sie weiterzubilden und sie umzuorientieren. Welche Rolle spielt dabei der Arbeitgeber? Es schien ja fast so, als wenn hier Konsens mit dem Arbeitgeber herrscht, es also nicht mehr den klassischen Gegensatz zwischen Arbeitgeber und Arbeitnehmer gibt. Eher, scheinbar alle den gleichen Weg anzielen, wenn er denn vernünftig ist. Ist das tatsächlich so? Oder gibt es zumindest gelegentlich von Arbeitgeberseite massive Widerstände, wenn die Arbeitnehmer ihre Privatinteressen, wie Freizeit und Familienleben, mit in die Vereinbarkeitsdebatte einbringen. Widerspricht diese private Perspektive nicht den Interessen der Arbeitgeber?

Frank Meissner: Man muss wirklich sagen, dass die Interessenlagen sehr heterogen sind und auch die Frontstellungen nicht so ganz eindeutig verlaufen. „Vereinbarkeit" ist ein wichtiges Thema, das vom Grundsatz her sowohl bei Interessenvertretern als auch im Management der Personalabteilung ein konfliktarmes und konsensfähiges Thema darstellt. Möglicherweise leiden Unternehmen schon darunter, dass ein Fachkräftemangel existiert und haben daher ein ganz großes Interesse, dagegen etwas zu tun. Oftmals kommt die Initiative sogar vom Arbeitgeber, familienfreundliche Maßnahmen anzustoßen. Dabei muss darauf geachtet werden, dass es sich nicht um einen „Etikettenschwindel" handelt, wenn sich das Unternehmen beispielsweise nur aus Marketinggründen mit dem Zertifikat der Hertie-Stiftung schmücken will. Es muss schon darauf geachtet werden, ob wirklich etwas Substanzielles dahinter steckt. Wenn Sie aber Widerstände ansprechen, so erlebe ich diese vor allem in Betrieben, die in der Vergangenheit noch keinen Kontakt zu diesem Thema hatten. Es gibt aber möglicherweise schwierigere betriebliche Bedingungen sowie Kulturen und Philosophien, die diesem Thema entgegenstehen. Der bekannte Spruch des Exkanzlers Schröder, es handele sich um ein „Gedöns"-Thema, kursiert weiter. Dort wird „Vereinbarkeit" einfach als zu unwichtig empfunden. Stattdessen wird vordringlich daran gearbeitet, dass es dem Betrieb wieder besser geht. Da reichen die Ressourcen selten, um seitens der Interessenvertreterseite so viel Druck zu machen, dass sich neben der Tagesarbeit eine Bewegung zur Veränderung der Verhältnisse formiert. Ich kenne nur wenige Beispiele dafür, dass sich mit dem Thema Vereinbarkeit die Interessenvertreterseite gegen Widerstände durchkämpft. Ein positives Beispiel ist im Einzelhandel die Firma Karstadt. Dort hat sich der Betriebsrat mit großem Einsatz dem Thema angenommen und tatsächlich auch etwas erreicht. Allgemein gibt es daneben häufig Widerstände in den Gremien. Denn wird der Betriebs- oder Personalrat durch Männer dominiert, müssen diese erst überzeugt werden, dass Vereinbarkeit zwischen Arbeit und Familie überhaupt ein Problem darstellt. Insgesamt machen sich die Widerstände also primär an Geschlechtsfragen fest.

Wilfried Fuchs: Ich habe noch eine Frage dazu, denn mich interessieren die guten Beispiele. Sie haben im DGB-Projekt doch sicherlich Aushängeschilder, d.h. Unternehmen, die diese Problematik auf eine perfekte und kreative Art und Weise lösen oder zumindest angehen. Ich möchte mehr über diese Beispiele erfahren. Normalerweise wird erwartet, dass zur besseren Vereinbarung zwischen Kind und Beruf einfach ein Betriebskindergarten eröffnet wird. Aber es gibt wohl viel mehr interessante Ansätze, von denen ich gerne hören möchte.

Frank Meissner: Wichtiger als die Vorzeigebetriebe sind mir die Unternehmen, die es unter schwierigen Bedingungen geschafft haben, eine Verbesserung zu erreichen. So haben die Verkehrsbetriebe in Hannover, die sehr männerdominiert waren und sind, durch die Hertie-Stiftung sehr viele gute Maßnahmen erfolgreich umgesetzt. Sie haben verschiedene familienfreundliche Schichtmodelle eingeführt, eine individuelle Beratung für MitarbeiterInnen sowie eine Kooperation innerhalb der Region Hannover zustande gebracht. Bei dieser Kooperation ist es möglich, die Kinderbetreuung verschiedener Unternehmen zu koordinieren und zu steuern. Des Weiteren gibt es auch immer wieder Unternehmen, in denen einzelne Beschäftigte aus der Personalabteilung mit ihrem Engagement etwas bewegen und in Gang bringen können.

Publikum: Als Lehrbeauftragter lehre ich Möglichkeiten zur Konfliktlösung mittels Fallstudien im Bereich Arbeitsrecht. So haben die Studenten die Chance, die betrieblichen Highlights, die ich noch aus meiner Beratungspraxis kenne, ebenfalls kennenzulernen und sich damit konkret auseinander zu setzen. Inwieweit unterstützen Sie, Herr Meissner, als gewerkschaftlicher Berater gerade in betrieblichen Interessenkonflikten? Eine wichtige Hilfestellung für die Betriebsräte ist ja, dass sie sich Beratung von außen heranholen. So besteht die Möglichkeit, im Rahmen des Betriebsverfassungsgesetzes Arbeitnehmer zu stärken, indem sich Betriebsräte diese Beratung in einer Konfliktsituation holen, um sich gegen den Arbeitgeber durchzusetzen.

Frank Meissner: Der DGB als Dachorganisation ist nicht für die Organisation der Betriebe verantwortlich. Dafür sind die Einzelgewerkschaften zuständig. Aber wir unterstützen natürlich, dass Sachverstand von möglichst vielen Seiten kommt. Nicht nur von der Gewerkschaftsseite, sondern auch durch externen Sachverstand, welcher durch das Betriebsverfassungsgesetz legitimiert ist.

Thomas Weiß: Vielleicht kann ich das kurz ergänzen, da es ja zu einem großen Teil unsere Tätigkeit ist. Der übliche Ansprechpartner für Betriebsräte ist der zuständige Gewerkschaftssekretär der jeweiligen

Fachgewerkschaft. Je nachdem, um welche Beratung es sich handelt, z.b. im Rechtsbereich, wird sie auch durch Anwälte ergänzt, welche mit dem DGB zusammenarbeiten. Außerdem bietet der DGB auf seiner Homepage ein Expertenforum an. Der Gewerkschaftssekretär oder aber auch jeder Betriebsrat selbst kann sich unter dem Stichwort „Experten" zu fast allen wichtigen Themen informieren, so z.b. wer mit wem im DGB zusammenarbeitet. Das hat den Vorteil, dass dann etwa Studienerkenntnisse, Mustervereinbarungen oder Dinge, die die Hans-Böckler-Stiftung entwickelt oder gesammelt hat, auch mit in diese Beratung eingebracht werden können. Das ist ganz wichtig, da sich an bereits erfolgreichen Konzepten orientiert werden kann.

Zusammenfassend gesagt: Bei der Verantwortlichkeit handelt es sich um eine Dreiteilung: Die örtlichen Gewerkschaften mit ihren Sekretären sind die ersten Ansprechpartner. Ergänzt wird das Ganze durch externe Berater, z.b. durch den DGB-Rechtsschutz für die Rechtsberatung vor den Arbeitsgerichten, und anschließend durch Informationen, die im Hintergrund an den DGB weitergeleitet werden. Es handelt sich also schon um ein sehr komplexes System.

Sabine Mönch-Kalina: Gibt es eigentlich Erkenntnisse darüber, ob die Zunahme des Beratungsangebotes im Generellen auch tatsächlich dazu führt, dass die Konflikte im Betrieb geringer werden? Zum Beispiel, dass Fluktuationen und Krankheitsfälle abgenommen haben. Sie müssen sich als Berater ein hohes Ziel vornehmen, das heißt: Wenn Sie die Beratung gut machen, dann hat das eine begrenzte Wirkung. Was ist also mit den generellen Wirkungen des großen und engagierten Beratermarktes?

Wilfried Fuchs: Über den gesamten großen Markt kann ich natürlich nichts sagen. Aber über unseren Markt kann ich sagen, dass es generell schwierig ist, mit objektiven Größen zu arbeiten. Es gibt Untersuchungen beim EAP (EAP: Employee Assistance Program), die besagen, dass nach Beratungseinführung die Fehlrate bis zu 40 % sinkt. Allerdings ist es schwer zu sagen, ob dies aufgrund der Beratung passiert oder aufgrund wechselnder Rahmenbedingungen im Betrieb. Sie bekommen diesen wissenschaftlichen Vorgang nicht in der Praxis, wie: wenn ich das mache, dann passiert jenes. Man kann nur sagen, dass sich durch solche Instrumente etwas im Betrieb verändert und es findet Kommunikation statt, dass es so etwas gibt. Sie können aber keine Erfolgsquote ausrechnen. Als Beispiel kann ich eine Krankenhausabteilung nennen, die nicht optimal gelaufen ist, bei der nach Einführung unseres Programmes die Zufriedenheit gestiegen ist und die Krankheitstage der Mitarbeiter gesunken sind. Dieses Ergebnis haben wir durch eine Mitarbeiterbefragung ermittelt. Unterm Strich soll immer eine Win-Win-Situation entstehen, so dass Arbeitgeber wie auch Arbeitnehmer von dem Programm profitieren. Arbeitgeber können eine bessere Marktstellung erreichen und Arbeitnehmer eine höhere Zufriedenheit in der Arbeit. Dies gilt bei allen Gesundheitsförderungsmaßnahmen, auch anderer Art.

Frank Meissner: Bei uns gilt es, ein Produkt an den Betriebsrat eines Unternehmens zu verkaufen, das die Mitarbeiterzufriedenheit sicherstellen soll. Allerdings zählen hier nicht nur die weichen Faktoren, sondern auch harte, wie der Gewinn. Dies setzt natürlich auch die Berater unter Druck, um ein optimales Ziel für das Unternehmen zu erreichen.

Bärbel Bracker: Im Großen und Ganzen gehe ich mit Herrn Fuchs konform. Was ich zu unserem Bereich sagen kann ist, dass wir ja nicht nur beraten, sondern wir vermitteln ein ganzes Paket, das aus Beratung sowie Qualifizierung besteht. Ob sich die Kunden auf dem Arbeitsmarkt neu orientiert haben und einen Job gefunden haben, hängt auch von vielen weichen Faktoren ab und daneben von Zeiträumen, die wir gar nicht mehr beobachten können. Nach jedem Training machen wir aber eine Befragung der Kunden, wobei die letzte Frage lautet „War das Training für Sie nützlich?" Und 85 % bis 90 % bejahen diese Frage. Aber die relative Anzahl von Kunden, die wirklich nach einem halben Jahr Arbeit gefunden haben, können wir nur äußerst schwer erheben. Eine Entwicklung in der Beratung ist aber zu sehen. Früher wurde die Beratung eher im Sinne der Sozialpädagogik vollzogen, bei dem der Kunde „an die Hand" genommen wurde. Heute achten wir Berater auch auf eine gewisse Übernahme von Eigenverantwortung seitens der Kunden, so dass es auch hier eine Win-Win-Situation gibt, und wir Berater uns nicht um alles kümmern müssen und die Kunden hinzulernen.

Sabine Mönch-Kalina: Ich gebe Ihnen da völlig Recht. Allerdings möchte ich gerne bei meiner Frage bleiben, denn ich habe nicht den Eindruck, dass sich unsere gesellschaftlichen Konflikte auch nur ein kleines Stückchen geändert haben.

Bärbel Bracker: Ich finde diese Aussage ist sehr unspezifisch. Denn ich denke schon, dass sich 60 % bis 70 % der Kunden während der Beratungszeit im Verhalten ein Stück verändern, vor allem in der eigenen Einstellung. Über die gesellschaftliche Konfliktlösung kann ich natürlich nichts Genaues sagen.

Thomas Weiß: Ich habe auch keine harten, statistischen Fakten. Allerdings gebe ich Frau Mönch-Kalina in mancher Hinsicht Recht. Ich möchte es mal kurz an drei Punkten deutlich machen: Was wir auf jeden Fall in der betrieblichen Situation feststellen ist, dass wir eine ganz starke Ausweitung des Beratungsmarktes haben und wir dadurch noch mehr Probleme hinzubekommen, als wir sie vorher hatten. Zum Beispiel geht es zunehmend dahin über, dass Geschäftsführer und Vorstände, sozusagen angestellte Chefs und somit Nicht-Eigentümer, aus unterschiedlichen Gründen enorm viele Beratungen abrufen. Das hat oft einfach Gründe. So müssen sie möglicherweise Berater haben, um die Schuld bei Entlassungen auf jemand anderen abzuwälzen. Man muss Berater haben, weil Stakeholder wie Aktionäre oder Banken bestimmte Fakten haben wollen und die sind natürlich glaubwürdiger, wenn diese von Beratern kommen. Dies passiert gerade, wenn es um Refinanzierung und Ausweitung des Geschäfts geht und Banken oder Kreditinstitute es als nicht ausreichend empfinden, wenn die Controllingabteilung die ganzen harten Fakten durchrechnet. Oft wird dazu ein externer Berater verlangt, um die Glaubwürdigkeit der Zahlen zu stärken. Daher wird der Beratermarkt zum einen stark aufgeblasen, und zum anderen wird eine beratende betriebliche Interessenvertretung gewünscht, um sich gegen die andere Seite, die der Chefs, zu stärken. Dadurch werden betriebliche Entscheidungen soweit durch die Berater determiniert, dass ein Geschäftsführer kaum noch in der Lage ist zu sagen, dass er sich bewusst gegen eine Strategie, z.B. eine Betriebszweigschließung, entscheidet. Außerdem werden die Begründungen gar nicht mehr hinterfragt. So wird von einer Unternehmensberatung eine Maßnahme verlangt, die dann auch seitens des Unternehmens durchgesetzt werden muss. Einfach, weil es die Berater so verlangen. Der zweite Punkt spielt sich im Arbeitsrechtbereich ab. Die sozialen Beziehungen in den Unternehmen haben sich stark verrechtlicht. Die Quote der Rechtsschutzversicherungen ist enorm hoch. Gewerkschaften haben einerseits Mitgliederrückgang und gleichzeitig die Vereinbarung, dass sie den Betriebsräten sozusagen kostenlos Rechtsschutz gewährleisten müssen. Das führt dazu, dass sich auch der Mitarbeiter zunehmend in dieser verrechtlichten Situation Sicherheit verschaffen möchte. Positiv ist, dass er sich über rechtliche Konsequenzen und Risiken besser informieren kann. Der Nachteil ist, was früher im Gespräch geklärt wurde, muss nun noch juristisch abgesichert werden. Dies hat wiederum einen Vorteil bei Mitarbeiterentlassungen. So schaffen es Transfergesellschaften und deren Beratungen, dass die Mitarbeiter nicht sofort in die Arbeitslosenwelt entlassen werden. Stattdessen kommt dazwischen noch eine Phase von Profiling über Bewerbertraining etc. Der dritte Punkt spricht die Gegenbewegung des Ganzen an. Ein Beispiel: ein Krankenhaus in Schleswig Holstein plant zwei von drei Bereichen zu privatisieren. Das ist zum einen der Servicebereich und zum anderen der gesamte IT-Bereich, wie die Medizintechnik. Die Begründung ist, dass sich das Krankenhaus vom ganzen Beratungssystem distanzieren möchte. Das große Problem ist, dass die Berater im Nachhinein nicht wirtschaftlich dafür verantwortlich sind, was sie zuvor vorgeschlagen haben. So wird häufig eine Tochtergesellschaft für abgestoßene Bereiche, meist eine GmbH, gegründet. 51 % behält das Unternehmen und 49 % der frühere Berater bzw. strategische Partner, damit das Unternehmen abgesichert ist. So denke ich, dass langfristig der Weg in der wirtschaftlichen Beratung auf den Punkt „Nachhaltigkeit" geht und das beschriebene Vorgehen positive Effekte zeigen wird. Für die soziale Beratung kann ich das leider nicht einschätzen.

Birgit Wiese: Es ist schwierig, im Rahmen der Bundesagentur festzulegen, wann eine Beratung erfolgreich war. Der Erfolg kann einerseits an der Statistik gemessen werden, die aussagt, ob ein Arbeitsloser eine Stelle gefunden hat, oder andererseits daran, ob ein Kunde zufrieden und gut informiert das Gespräch verlässt. Gesellschaftspolitisch kann gesagt werden, dass eine Beratung erfolgreich war, wenn die Beitragszahlungen aus der Arbeitslosenversicherung aufgrund gestiegener Angestelltenverhältnisse zurückgehen. Aufgrund unterschiedlicher Interessenlagen kann der Beratungserfolg wohl nicht präziser definiert werden.

Publikum: Wie kann durch Nutzung unterschiedlicher Instrumente präventiv vorgegangen werden, um Mobbing zu vermeiden. Sind bspw. die Betriebsvereinbarungen wirklich sinnvoll? Und ist es sinnvoll, noch weitere Instrumente einzuführen, die genauso wenig behandelt werden wie Betriebsvereinbarungen? Denn es bestehen ja bereits Regelungen wie das Allgemeine Gleichbehandlungsgesetz (AGG), die sich darum kümmern.

Thomas Weiß: Das AGG ist erst 2006 in Kraft getreten. Dieses beinhaltet eine Beschwerdestelle, an die sich betroffene Mitarbeiter wenden können und die bereits hilfreich war. Sie müssen sich also nicht an Kollegen, Arbeitgeber oder an die Interessenvertretung wenden. Des Weiteren müssen sie nicht nach außen mit ihrem Problem gehen, denn sie wissen, dass es eine institutionelle Stelle gibt, an die sie sich wenden können. Eine Betriebsvereinbarung ist deshalb hilfreich, nicht nur, weil es sie geben sollte, denn ungenutzt hilft sie natürlich auch nicht, sondern weil ein größerer Bereich abgedeckt wird, als es bei den Diskriminierungstatbeständen des AGG geschieht. Für die Betriebsvereinbarung gibt es wie bei dem AGG feste Institutionen, die dafür zuständig sind, Ansprechpartner zu sein und Beschwerden nachzugehen. Außerdem sind sie neutral. Des Weiteren gibt es eine klare Eskalationsleiter, und das ist m.E. das Entscheidende und der klare Unterschied zum AGG. Wenn der Mitarbeiter bereits das Gefühl hat, von den Kollegen und Vorgesetzten nicht ordnungsgemäß behandelt zu werden, kann ich mich schon in einem sehr frühen Stadium an die Institution wenden. Dieser Funktionsträger hat dann die Möglichkeit, innerbetrieblich zu prüfen, was in der Abteilung passiert. Das ist eigentlich der beste Weg zum Erfolg. Wenn sich dann herauskristallisiert, dass es an der selektiven Wahrnehmung des Mitarbeiter liegt und er gar nicht Außenseiter ist, sich aber als einer fühlt, oder er selbst an Streitigkeiten auch Schuld trägt, kann das in dieser relativ intimen Umgebung verändert werden. Auch bei Mustervereinbarungen, wie vom DGB, wird beschrieben, dass bei innerbetrieblichen Problemen die zuständige Stelle früh aufzusuchen ist. Des Weiteren werden auch andere Handlungsszenarien in Mustervereinbarungen beschrieben. Die Erfahrung zeigt, dass in Unternehmen, in denen Betriebsvereinbarungen genutzt werden, der Anteil am Mobbing eigentlich kaum erwähnenswert ist. Das AGG bezieht sich außerdem auf einen sehr engen Bereich, denn

Mobbing ist nicht abhängig von Hautfarbe oder Geschlecht, sondern es kann jeden treffen und aus jedem Grund.

Wilfried Fuchs: Hier möchte ich gerne dagegen sprechen. Ich stimme Ihnen natürlich völlig zu, dass eine gelebte Betriebsvereinbarung positiv für das Unternehmen ist; denn dann haben sie eine Kultur, in der Mobbing geächtet ist und sich Mobbingstrukturen schwierig entwickeln können. Trotzdem kann gesagt werden, dass allgemein die Unternehmenskultur ausschlaggebend ist. Es gibt Unternehmen, die Mobbing qua Kultur sowie qua Werte und Normen produzieren. Das sind vor allem stark wettbewerbsorientierte und stark hierarchisch aufgebaute Unternehmen. Mobbing wird dann noch wahrscheinlicher, wenn der Arbeitsdruck weiter zunimmt. Vor allem ist hier die Beschwerdestelle des AGG wichtig, an die sich die Mitarbeiter wenden können. Denn häufig fehlt der Mut, sich bspw. an den Betriebsrat oder die innerbetriebliche Konfliktstelle zu wenden. Daher soll die Hemmschwelle gesenkt werden, indem externe Dienstleister für die Beschwerden zuständig sind, denn so wird auch die Anonymität sichergestellt. Zum Schluss möchte ich nur noch kurz zusammenfassen, dass Betriebsvereinbarungen dort helfen, wo Mobbing sehr gering ausgelebt wird. In den Unternehmen mit einer hohen Mobbingkultur wird sich auch bei vorhandener Betriebsvereinbarung nur sehr, sehr langsam etwas ändern.

Thomas Weiß: Wir sind mit unseren Meinungen gar nicht so weit auseinander, und ich würde Ihnen weitestgehend recht geben. Allerdings denke ich nicht, dass es zwingend ein externer Berater sein muss. Es zählt m.E. nur das Vorhandensein einer Anlaufstelle mit entsprechender Kompetenz. Ihr externes System, Herr Fuchs, hat ja den Vorteil, dass es von Unternehmen gewollt und wie ein internes System behandelt wird. Das heißt, es ist niedrigschwellig und hat nur einen kurzen Weg zwischen Mitarbeiter und Anlaufstelle. Generell ist es aber für

Mitarbeiter eine enorme Hürde, sich an klassische externe Dienstleister mit ihren Problemen zu wenden.

Publikum: Aus meiner Erfahrung bei der Beratung von Betriebsräten wird immer deutlicher, dass Mobbing als Umgehungssachverhalt von Geschäftsführungen genutzt wird, um die nichtdurchsetzbaren Kündigungen zu erreichen. Auch um ganz gezielt Anlässe zu provozieren, die eine abfindungsfreie Entlassung gewähren. Dieser Sachverhalt ist zunehmend beobachtbar. Bei der Konfliktsituation von Betriebsräten gibt es einen eindeutigen Maßstab, an dem der Beratungserfolg messbar ist. Und zwar ist das gerade bei Unternehmensschließungen und Kündigungen das Maß an entsprechenden Abfindungen, die ausgehandelt werden können. Daher ist in der wirtschaftlichen Beratung auf Arbeitnehmerseite durchaus auch ein Maßstab vorhanden, wie man dann die Arbeitnehmerrechte stärken kann.

Thomas Weiß: Wenn ich mal darauf eingehen kann. Ich finde es interessant, dass Sie diese Erfahrung machen. An den Arbeitsgerichten in Schleswig Holstein habe ich eine Umfrage gestartet. Dabei wurde kein einziger Fall bekannt, in dem auf diese Art und Weise versucht wurde, einem Arbeitnehmer zu kündigen. Denn allein die juristische Hürde ist relativ hoch. Es müsste ja eine verhaltensbedingte Kündigung sein, was eine vorherige Abmahnung voraussetzt. Und das ist ein schwieriger Weg, und diese Art der Kündigung für Arbeitgeber selten erfolgreich, denn im Rahmen eines Kündigungsprozesses wird die Rechtmäßigkeit der vorigen Abmahnung überprüft. Fällt diese weg, so ist der Kündigungsprozess ungültig. Diese Annahme, dass der Arbeitgeber die Mitarbeiter so unter Druck setzt, dass sie freiwillig kündigen, ist inzwischen auch von den arbeitgeberberatenden Kollegen als ein sehr hohes Risiko identifiziert worden. Seit dem AGG, also seitdem das Bundesarbeitsgericht festgelegt hat, unter welchen Voraussetzungen ganz klar Schadensersatz- und Schmerzensgeldansprüche geltend gemacht werden können, was vor 2007 nicht in dieser gebotenen Klarheit vorhanden war, ist das Risiko, einen Prozess zu verlieren, relativ groß. Und auch innerbetrieblich stellt es ein Risiko dar: Wenn der Betriebsrat mitbekommt, dass dieser Weg gegangen wird, wird er sich gegen diese Maßnahmen einsetzen. Es wäre spannend, einen solchen Fall zu kennen, denn mir ist keiner bekannt. Soweit ich mitbekommen habe, liest und hört man es häufig, dass es so etwas gibt. Möglicherweise wurde es in der Vergangenheit, vor 2007, genutzt. Sehr viel wahrscheinlicher ist der umgekehrte Weg. Mitarbeiter werden gekündigt oder verlassen das Unternehmen und begründen dann mit vermeintlichem Mobbing, warum die Kündigung ungerechtfertigt ist und dass sie eine Abfindung erhalten wollen. Und diese Prozesse werden in der Tat reihenweise verloren. Aber da wird eher das Thema Mobbing durch die Arbeitnehmer eingeführt.

Sabine Mönch-Kalina: Zum Thema Anpassung an die Technik, Gesellschaft und Entwicklung: Was sagen Sie zum Stichpunkt „Prävention"? Natürlich kann alles positiv hervorgehoben werden, denn wir haben ein schönes Beratungssystem und auch Ihre Argumente sind sehr überzeugend. Aber trotzdem kann darüber nachgedacht werden: Was ist eigentlich der Anlass für Beratung. Was sind gesellschaftliche Ursachen? Ist bspw. die globale Krise mit verantwortlich, dass es im Bereich der Arbeitnehmer krisenhafte Situationen gibt? Wie sehen Sie die Zunahme vom Beratungsbedarf? Oder haben Sie Ideen für Präventionen, so dass es nicht mehr zu den Konfliktsituationen kommt?

Birgit Wiese: Wir müssen uns wahrscheinlich von den normalen Arbeitsverhältnissen verabschieden. Es gibt ja mittlerweile auch einige Studien zum Thema „Prekariat, die prekären Arbeitsverhältnisse". Daher sehe ich in dieser Situation den Beratungsbedarf steigend. So wird es einen Fokus auf Karriereberatung und die dazugehörigen Berufsstrategien geben. Also, wie kann ich mit veränderten Situationen umgehen, wie z.B. auch mal zwischendurch arbeitslos zu sein oder zwischen meinen Angestelltenverhältnissen freiberuflich tätig zu sein. Vor allem in diesen Phasen wird Beratung stark wahrgenommen, denn viele wissen nicht, wie sie mit diesen Unsicherheiten umgehen sollen.

Sabine Mönch-Kalina: Darf ich einmal kurz zusammenfassen, Frau Wiese? Sie sagen also, wenn die jungen Menschen die Veränderungen als gegeben akzeptieren, hat das mehrere Konsequenzen. Es würde zu einer besseren gesellschaftlichen Anerkennung und Akzeptanz führen, dass Arbeitsplätze und die Form der Arbeitsausführung gewechselt werden oder auch mal das Privatleben im Fokus steht. Wenn diese Akzeptanz höher ist, dann hat man als Arbeitnehmer auch keine Angst vor diesen Umbrüchen und Veränderungen, so dass schon ein gewisses Konfliktpotenzial entfällt. Genau dies führt ja zurzeit zu Beratungen, da solch eine Situation aktuell noch Angst vor dem Verlust des Arbeitsplatzes verursacht. Dann wird später die Beratung wegfallen, da die Situation normal wird. Ist das richtig?

Birgit Wiese: Die Beratung ist hier trotzdem noch wichtig, da der Umgang mit den neuen Situationen auch in der Zukunft sehr individuell ist. Die gesellschaftlichen Anerkennungsprozesse und die dafür notwendigen Rahmenbedingungen sind sehr wichtig und einige Menschen werden die dafür nötige Beratung auch in der Zukunft nachfragen. Auch wenn es mehr akzeptiert wird, werden Krisen bleiben. Ich würde Arbeitslosigkeit immer als Krise bezeichnen, in denen neue Dinge anstehen und sich mit der verbundenen Unsicherheit entwickeln.

Thomas Weiß: Ich denke, Prävention kann Beratung nicht ersetzen. Das kann ich auf der fachlichen Seite kurz begründen und habe daneben auch eine private Meinung dazu. Fachlich gesehen ist es klar, wenn die Unternehmen aufgrund der Wettbewerbszunahme und auch der Erwartungshaltungen der Kunden immer unter starkem wirtschaftlichen Druck stehen, dass Produkte immer preiswerter werden. Außerdem ist das Arbeitseinkommen noch immer die Haupterwerbsquelle und bei

Wegfall dieser wird es auch immer zu Problemen kommen. Außerdem besteht ein Umbruch dahingehend, dass es immer weniger Produktionen und immer mehr Dienstleistungen gibt. Dienstleistungen sind tendenziell zeitlich befristet, was sich später in Arbeitsverhältnissen bemerkbar macht, in prekären Arbeitsverhältnissen, im Bereich der Teilzeitkräfte sowie als Generation „Praktikum". Diese Probleme sind durch Prävention nicht zu lösen. Meine private Meinung ist, dass die Anforderungen an uns alle steigen, da sich die Komplexität des Alltagslebens so stark verändert hat, dass wir häufig nicht in der Lage sind, sie zu bewältigen. So stößt bspw. immer neuere Technik auf den Markt, die die ältere Generation nicht mehr bedienen kann, und auch die rechtliche Stellung per Internetaktivität ist häufig unklar. Auch hier wird Prävention nicht helfen, da die Anforderungen an das alltägliche Leben sich immer schneller ändern werden.

Bärbel Bracker: Die Beratung an sich kann für jeden einzelnen Menschen einen präventiven Charakter haben.

Wilfried Fuchs: Ich stimme Frau Wiese zu, dass sich die Rahmenbedingungen in den letzten Jahren stark verändert haben. Einige Dinge wurden schon genannt, wobei ich auch gerne noch ergänzende Punkte anbringen möchte. Ich glaube, dass was wir im Moment erleben, eine massive Krise des Vertrauens seitens der ArbeitnehmerInnen in die Fairness von Unternehmen und Unternehmensleitung ist. Das müssen sie aber haben, damit sie gesund arbeiten können. Wenn sich aber die Unternehmensleitung bspw. mit Millionenbeträgen vor Insolvenzeintritt absetzt, wie bei es bei dem Versandhaus „Quelle" der Fall war, ist es ein Skandal und als Faktor für Rahmenbedingungen nicht zu unterschätzen. Das Thema Arbeitsunsicherheit wird als Hauptbelastungsfaktor von ArbeitnehmerInnen in Studien der Psychologen 2008 ausgewiesen. Dieses latente Gefühl, dass ab morgen kein Geld mehr fließt, ist eine Rahmenbedingung für die psychischen Belastungen von Mitarbeitern. Dann diese erhöhten Flexibilitätsanforderungen und die emotionalen Anforderungen, bei denen man sich trotz schlechten Zustandes sehr positiv und freundlich darstellen muss. Und die Art und Weise, wie Geben und Nehmen im Unternehmen verteilt ist, ist auch fragwürdig. Es gibt ein Wertschätzungsproblem seitens der Geschäftsführung gegenüber den Mitarbeitern, die sich einfach nicht mehr anerkannt und wertgeschätzt fühlen für das, was sie für das Unternehmen geleistet haben. Älteren Mitarbeitern werden junge Vorgesetzte vorgesetzt, die alte Arbeitsabläufe ändern. Die älteren Mitarbeiter fühlen sich dadurch degradiert. Viele Geschäftsführer sehen diese Thematik und deren Auswirkungen nicht. Auch diese Dinge sind zusätzliche Rahmenbedingungen für psychische Belastungen. Ein Drittel in der Bundesrepublik Deutschland fühlt sich inzwischen psychisch belastet. Der Bertelsmann Gesundheitsmonitor vom 12. November 2009 berichtet, dass die psychischen Krankheiten ansteigen – 100 % ggü. 1996. All das sind Hinweise darauf, dass es in diesem Bereich massive Probleme gibt. Ich denke, dass man diese nur auf dem Wege der Prävention angehen kann, und zwar auf beiden Ebenen. Zum einen auf der Ebene der Arbeitsplätze und Arbeitsplatzgefährdung. Dafür gibt es eine breite rechtliche Grundlage, z.B. über das Arbeitsschutzgesetz, das von engagierten Betriebsräten genutzt werden soll, um eine Einigung zu erreichen. Hier muss an den Verhältnissen gearbeitet werden. Den Menschen sollen auch Unterstützungen durch Programme, wie wir sie anbieten, gegeben werden. Zum anderen durch interne Gesundheitsförderungsprogramme betrieblicher Art, die immer darauf abstellen müssen, die Menschen wieder auf die Selbstkompetenz zu bekommen. Stress entsteht im Kopf und es ist erlernbar, dass dieser nicht gesundheitsgefährdend ist. Prävention muss an beiden Punkten angesetzt werden.

Frank Meissner: Beim Thema Work-Life-Balance und Vereinbarkeit spielen die gestiegenen Anforderungen eine sehr große Rolle. Mit der Auflösung von Normal-Arbeitsverhältnissen ist ein großer Druck in die ehemaligen Arbeitshaltungen gekommen. Wo man früher seinen Acht-Stunden-Tag hatte, an dem sich die Gesellschaft orientieren konnte, entsteht nun bei der Veränderung großer Druck. Dies macht auch verständlich, warum der Beratungsbedarf auf allen Ebenen wächst, da Menschen zeitlich nicht mehr die Gelegenheit haben, sich in der Familie zu sehen, weil Schichtmodelle mglw. aus den Fugen geraten oder die Kinderbetreuung nicht mehr anders zu regeln ist usw. Das sind Probleme, die durch Beratung und Präventionsmaßnahmen in den Griff zu bekommen sind. Es soll immer das ganze Leben und nicht nur einzelne Bereiche gesehen werden. Das ist auch ein präventiver Gedanke im Sinne von größerer Zukunfts- und Innovationsfähigkeit.

Sabine Mönch-Kalina: Wenn uns das gelingt, dann wird es Kindern und jungen Menschen auch wieder besser gehen, weil die Eltern wieder mehr Zeit sowie Ruhe und Gelassenheit für sie haben.

Publikum: Ich habe eine Frage bezüglich der älteren Arbeitnehmer. Gehen Sie mit den Problemen, die Sie von diesen Mitarbeitern erzählt bekommen, auch an die Geschäftsleitung des Unternehmens, um mit denen eine Lösung zu finden? Und wenn ja, was sind das für Lösungen. Was würden Sie außerdem für die älteren Menschen vorschlagen, wie sie mit diesem Umbruch umgehen müssen?

Wilfried Wiese: Das Beispiel, das ich genannt habe, kommt von einem Unternehmen, das Kunde bei uns ist. Ich habe das Problem in den regelmäßigen Accountgesprächen, die wir haben, angesprochen. Ich muss dann darauf achten, welche Resonanz von dem Unternehmen kommt. Dabei habe ich noch keine Zustimmung und Einsicht auf dieses Thema festgestellt. Es wurde eher auf einen Vorgesetzten projiziert, aber nicht global auf das Unternehmen. Wir haben den Eindruck, dass es sich bei diesem Thema eher um ein Kulturproblem handelt. Daher kann ich auch noch keine Lösungen berichten. Denkbar wäre aber, dass diese Problematik in Führungskreisen diskutiert wird. Allgemein ist unser Eingreifen auch eher als Anregung gedacht, mit der Hoffnung, dass die Führungskräfte in Zukunft mehr darauf achten. Wenn sie dann was bemerken, haben wir wieder einen Ansatzpunkt, um ins Gespräch zu kommen.

Bärbel Bracker: Diese ältere Zielgruppe hat es mit dem Umbruch sehr schwer, da sie noch mit einer anderen Tradition in das Berufsleben gegangen sind. Allgemein kann aber gesagt werden, egal um welche Zielgruppe es sich handelt: Wer sich auf diese veränderte Situation einlässt, wird auch gut im Arbeitsleben zurechtkommen. Das Problem bei dieser Zielgruppe ist, sich auf etwas ganz Neues einzulassen und auch zu schauen, welche neuen Berufe es gibt, in denen sie wieder Fuß fassen könnten. Dazu gehören viele Dienstleistungsberufe, für die es noch keine Berufsausbildung gibt und wo sie als Quereinsteiger anfangen könnten. Wir müssen halt die Eigenschaften und Kenntnisse dieser Arbeitnehmer herausfiltern und schauen, in welche neuen Bereiche sie am besten passen. Wer sich darauf einlässt, hat auch die Chance, beruflich etwas Neues zu starten.

Publikum: Es wurde gesagt, dass der Stress im Beruf zunimmt. Sind die Berater denn nicht auch ein Stück schuld daran? Es kommen Berater ins Unternehmen und sagen, dass in diesem leistungsorientierter gearbeitet werden muss. Es gibt Wettbewerb, Zeitarbeit und Change Management. Außerdem: Wenn Studenten in die ARGE kommen, sagen Sie mir als Beraterin, dass diese sehr gute Chancen auf dem Arbeitsmarkt haben, wenn sie ins Ausland gehen, das Studium in der Regelstudienzeit schaffen, gute Noten haben und Arbeitserfahrung neben dem Studium gesammelt haben. Die Anforderungen werden im Grunde genommen von den Beratern gesetzt, wobei Leistungsorientiertheit ein ganz großer Punkt ist. Fühlen Sie sich also mitschuldig an der Zunahme des globalen Wettbewerbsgedankens, der Leistungsorientierung und dem Zwang nach Veränderung?

Birgit Wiese: Ich habe bei der ARGE eher den Eindruck, dass sie mehr reagieren als agieren. Das, was Sie beschrieben haben, haben sich nicht die Berater ausgedacht. Es sind Anforderungen, die von Arbeitgebern an die ARGE und deren Berater herangetragen werden. Denn die Unternehmen sagen, dass dies die Unternehmerprofile sind, die sie wünschen. Die einzige Möglichkeit, wie die ARGE reagieren könnte ist, dass sie dem Unternehmen den Anstoß gibt, über das gewünschte Profil nachzudenken. Denn das, was die Unternehmen suchen, ist vielleicht nicht das, was schnell gefunden wird, oder es ist überzogen. Aber diese Diskussionen finden eher auf der gesellschaftspolitischen Ebene statt. Denn hier treten wir in den Bereich der Rahmenbedingungen ein.

Thomas Weiß: Die Werteveränderung ist offensichtlich. Dazu haben wir alle beigetragen, auch wir als Berater. Bestimmte Dinge sind uns auch wichtiger. Zum Beispiel gehen wir dorthin, wo wir die Dinge billiger einkaufen können und nicht zum Tante Emma Laden um die Ecke, weil dort die alte Dame so nett ist. Berater sind sicher Verstärker und beschleunigen möglicherweise Entwicklungen. Nochmal ganz sachlich: Berater sind nicht die Entscheider. Das Problem tritt immer dann auf, wenn die eigentlichen Entscheider die Beratungen als Vorlage nehmen, ohne sie zu hinterfragen. Auch das Generationsproblem würde ich befürworten. Die Beschleunigung, die ich bereits angesprochen habe, führt natürlich auch dazu, dass die Halbwertzeit jeglicher Entscheidungen immer kürzer wird. Da sehe ich ein größeres Problem drin, wenn dann die Berater noch bestimmte Entwicklung beschleunigen. Dann schließt sich für mich der Kreis. Dann verändern sich wieder die Rahmenbedingungen. Berater tragen also zu dieser Veränderung mit bei, sind aber nicht die Verursacher.

Bärbel Bracker: Ich habe auf jeden Fall mitgewirkt. Aus meiner Sicht hatte ich das Glück, in einem Segment zu arbeiten, in dem Beratung auch dazu geführt hat, dass die Menschen sich das Stück Freiheit, selbst zu entscheiden, erarbeiten konnten und nicht gezwungen waren, sich so massiv anzupassen. Wenn der Kunde sich für eine Maßnahme entscheidet, so hat er sich aus freiem Willen dazu entschieden.

Frank Meissner: Ich finde es einen sehr guten und kritischen Einwand, mal über die Selbstfunktion des Beraters nachzudenken und dabei die gesellschaftspolitischen Fragen nicht aus dem Blickfeld zu verlieren. Um wirklich zu schauen, welche Werte denn vermittelt werden und was diese mit meinem demokratischen Verständnis zu tun haben, wenn ich als Berater tätig bin.

Sabine Mönch-Kalina: Das war ein gutes und wichtiges Schlusswort für uns alle und für alle, die in unterschiedlichen Feldern der Beratung tätig sind. Ich danke für die anregende Diskussion auf dem Podium und für die Fragen aus dem Publikum, die uns viele neue Aspekte eröffnet haben.

Autoren

Engel, Nadine, B. A., Masterprogramm Betriebswirtschaft; Hochschule Wismar.

Hahne, Anton, Prof. Dr. rer. pol., M. A., ist Professor für Verhaltenswissenschaften an der Fakultät für Wirtschaftswissenschaften der Hochschule Wismar.

Kunkel, Roland, Dipl.-Volksw., Supervisor DGSv, ist Geschäftsführer von step, einer Firma für Organisationsberatung, Trining, Supervision, Mediation und Ausbilder von Mediatoren (BM e.V.).

Meissner, Frank, Dipl.-Soz., Mitarbeiter im DGB-Projekt „Vereinbarkeit von Familie und Beruf, Berlin.

Mönch-Kalina, Sabine, Prof. Dr. jur., Dipl. oec.troph., ist Professorin für Sozialrecht an der Hochschule Wismar, Fakultät für Wirtschaftswissenschaften und Vorsitzende des Senats der Hochschule.

Siemon, Monique, Diplom-Sozialverwaltungswirtin (FH), Masterprogramm Betriebswirtschaft; Hochschule Wismar.

Tietel, Erhard, PD Dr., Supervisor DGSv, ist Dozent an der Akademie für Arbeit und Politik und Privatdozent am Studiengang Psychologie der Universität Bremen.

Weiß, Thomas, Prof. Dr. jur., ist Arbeits- und Sozialrechtler mit eigener Kanzlei in Kiel.

Wiese, Birgit, Prof. Dr. phil., Dipl.-Sozialarbeiterin/-pädagogin (FH) und Dipl.- Kauffrau (FH), ist Professorin für Beratung mit dem Schwerpunkt Counselling zur Förderung der Beschäftigungs- und Arbeitsfähigkeit an der Hochschule der Bundesagentur für Arbeit, Schwerin.